主办／吉林大学珠海学院　主编／付景川

珠江论丛

PEARL RIVER FORUM

（第5辑）

社会科学文献出版社
SOCIAL SCIENCES ACADEMIC PRESS (CHINA)

《珠江论丛》编辑委员会

目 录
CONTENTS

精神文明

CONTENTS

Cultural Study

Spiritual Civilization

理论

前沿

THEORETICAL FOREGROUND

企业整体创新工程的基元分析

路宁　艾志强*

【摘要】 企业创新是重要的整体工程。从理论层面看，这项工程由创新基元理论、创新原理、创新管理、创新评估等一系列相互衔接的理论组成。这里集中讨论企业整体创新工程的基元理论。运用可拓工程的基元理论，对影响企业整体创新的因素提出主体、资源、运行、环境、目标、价值等6个"创新基元"，并展开讨论，从而吸纳"可拓工程"对"基元"的"刻画优势"，细致地对影响创新的因素进行深度描述，可以为推进创新工程奠定坚实的思想基础、提供可靠的操作原理。

【关键词】 企业创新　基元理论　目标　价值

"基元"概念来自"可拓工程"理论。"可拓工程"是我国学者历经20多年努力，独立创立的理论。它是把"不可能"转化为"可能"的一套理论。"基元"是"可拓工程"的一个重要概念。运用可拓工程的基元理论，对影响企业整体创新的因素提出主体、资源、运行、环境、目标、价值等6个"创新基元"，并进行深度描述。这样的好处是可以吸纳"可拓工程"对"基元"的"刻画优势"。细致地对影响创新的因素进行深度的描述，从而为推进创新工程打下一个坚实的基础。

---

* 路宁，吉林大学哲学硕士，北京创新学会会长，创新学者、研究员，北京市社科专家。艾志强，中国人民大学哲学系博士，辽宁工业大学教授。

一 主体基元：核心基元

企业整体创新，是创新者或创新组织通过一系列创新活动形成创新成果的过程，是主体基元把创新理念外化为持续的创新动力或活动的过程。因此，在企业整个创新流程中，最核心的基元当属企业创新的主体，主体是创新活动的发动者，居于首要地位。

1. 企业创新主体的内涵

在《现代汉语词典》中主体有两层含义：一是指事物的主要部分；二是指哲学上的主体，有认识和实践能力，从事认识和实践活动的人。从认识活动的层面看，主体在从事认识活动的过程中不可避免地要不断地接触不同的物、事和人，即主体要具备认识物元、事元和关系元的能力，而从事认识和实践活动的个人或社会集团则需要具备这样的能力，即有意识、能思维，能将自身之外的客体自觉地作为实践和认识的对象。所以，从哲学的层面看，主体是处于物元、事元和关系元之中，通过自身的认识能力和实践能力从主客体的关系中确立自己的规定性的个人或社会集团。因而，主体不仅要面对纷繁复杂的人与人、人与事、人与物、事与事、事与物、物与物之间的关系，而且要理清各种关系，消除或规避事物发展中的不确定性，并在此基础上进行创新性思考和科学决策，从而达到使各种要素协调发展的目的。

从上述关于主体的界定出发，就有了企业创新主体的新理解。"新"的关键，在于区分传统的经济学和管理学中的认识，不能一般地停留在把企业理解为创新的主体，企业在创新过程中的地位固然重要，但企业创新最终是由具有认识能力和实践能力的人来完成的。因此，将创新的主体只理解为企业这一组织是有失偏颇的。从根本上来说，企业创新主体应是人或人的组合。即企业的创新主体基元并不仅仅是一个单数的概念，更是一个复数的概念。另外，企业创新主体还应理解为一种可拓学意义上的基元。这是因为随着时代的发展与科学技术的进步，有关企业创新的研究已呈现新的变化，即"从关注创新要素或创新过程中的某个片断，发展到系统地解释和理解复杂的企业创新活动，进而研究企业创新系统的构建、完善及其运行机制等理论和方法"。复杂性理论正被引入企业整体创新的研究中，企业也被视为一种复杂适应系统（Complex Adaptive System，简称CAS）。在这样的背景下，应用可拓学的相关理论，将主体视为一种基元，将更有利于企业整体创新过程中各种矛盾问题的拓展、分析和智能化处理。

2. 企业创新主体基元的分类

企业创新，特别是企业制度创新、技术创新和文化创新的推进和承载主体是单一的还是多元的？过去，在经济学界占主流的观点是创新主体"一元论"，即只讲企业家主体或企业主体。而从企业创新的实际过程看，这种"一元论"的观点已在一定程度上制约了企业的发展。究其原因，一方面，无论是企业创新理念的提出，还是创新行为的实施，都是企业全体成员的努力；另一方面，如果创新主体不包括全体成员，则在一定程度上抹杀了大部分成员的贡献。从企业实际创新过程看，企业的制度、技术和文化创新涉及各方面的权力和利益的再分配，没有全体成员的参与，企业的创新活动是不能顺利完成的。因此，企业整体创新活动的主体应该是一个多元的复合体，即包括员工、内企业家、企业家和企业在内的协作复合体，这四种主体的和谐统一共同构成了企业整体创新的主体基元。

主体基元一：员工

第一，劳动者是创新"火花"的提供者。企业创新建议（制度变革、技术、管理、市场创新等方面）的提出者多数来自一线职工。他们在长期的经营活动和实际操作中，由实际感悟到经验（或反面经验即教训），形成了创新思路基本的、原始的素材。离开它们，创新就成了无源之水、无本之木。

第二，劳动者是方案实施的操作者。创新形成概念后，要从概念转变成现实，需要进行具体操作。例如，在企业制度创新方面，从体制改革方案的构思到试点；在市场创新方面，从设想到新市场的占领；在技术创新方面，从实验室过渡到生产车间等在很大程度上是由一线职工完成的。他们要把理论上的构思变成具体的操作与落实，实质上也就参与了创新活动。

第三，劳动者是反馈和改进的联系者。新的制度到底运行得如何，产权关系是否清晰，积极性是否充分发挥；新的技术创新的适用性、可行性、经济性怎样；新市场创新的效果、前途怎样；新的创新的绩效、可接受程度如何等的评估，都不是在经理办公室中所能做出的。对创新的客观真实的最初反应来自公众。如果说，从概念到凝结物是创新过程的第一次飞跃的话，那么从实施到反馈回来，则是创新过程的第二次飞跃。第二次飞跃是第一次创新的完善和修改，也是新一轮创新的开始。因而可以说，劳动者是创新的生力军。

主体基元二：内企业家

企业的发展在于创新的可持续进行，现代企业内部不同形式的创新活动是企业发展的不竭动力，企业的整体创新在很大程度上基于大量的企业内部创新活动。企业想实现持续创新，必然要允许一些成员从事自己感兴趣的创新活动，为他们打开创新空间，比如，利用和挖掘企业的现有条件，发挥资金、设备和人力资源的潜力等。实际上就赋予了这些成员企业家的特征，培养了"内企业家"这一重要的创新阶层。

"内企业家"概念是由美国吉福德·平肖特提出的。内企业家即公司内企业家的简称，是指那些在公司体制内，富有想象力、有胆量、甘冒个人风险促成企业创新的行为者。内企业家是现代企业开展创新的产物，他们往往处于公司最高管理层与基层的中间结合部，是连接上层与下层的中间"过渡层"，在创新中居于关键地位。

内企业家在企业创新中并非核心主导，其特征在于：一是内企业家阶层的构成比较灵活，基本上没有明确的分工和权力定位，更少受到整体战略的影响，其运作方式基本上是非正式的。但也因此而形成结构简单、行动灵活的某种创新优势。二是其创新行为的潜在性。潜在性或隐秘性是内企业家群创新活动取得成功的基本保障，未成型的创新成果如果过早地公开出去，在公司内部易受到传统力量的抵制，在公司外部会面临情报泄露的风险。三是求实性。创新是科学性的行为，科学精神的实质就是实事求是。内企业家的求实性表现在这一阶层往往特别重视市场调查和技术实验，其本质是求实地面向企业内外环境而开展创新行动。四是一定的风险性。任何创新都蕴含着风险、创新成果的不确定性，更是关系到内企业家自己的前途。内企业家信奉"没有异议只能导致平庸"的信条，他们的行动总是与世俗、习惯相违背，很容易招来非难、嫉妒和干涉，处理不好甚至会被解雇。五是创新反应的灵敏性。由于内企业家处于连接最高决策层与基层的结合部这一关键部位，同时又具有特殊的创新资质，因此许多重要的创新都是内企业家在职工建议的启发下搞起来的。虽然，内企业家并不一定是新产品、新技术、新市场、新组织的发明者，但他具备组织能力和能够抓住商业和市场的机会。这些特点使内企业家具有创新行为的高度灵敏性，当面临不同的市场机会时，他们能够更快地把新的设想转变成实际效应。在具体的创新过程中，内企业家往往会发挥其他员工创新的"助产婆"和"催化剂"的作用。

基于内企业家这一阶层在企业内部的重要作用，现代企业应对内企业家的创新活动给予有效的激励：可以是职位的提升；可以是经济效益的提高；可以是促进其事业感的形成。而最后一点尤其重要，因为企业家中最有代表性的还应是事业上成就感较强的人，他们追求全新事业的开拓、自我价值的实现。企业可以设立"内资本"让内企业家建立发展内企业，以不断为其提供更大的创新空间。创新空间指的是一个创新行为主体能够做什么和不能做什么的边界。经常可以听到一些企业经理或技术人员说"我们不要什么奖赏，只要让我们自己做就行了"。这表明在一定的条件下，提供创新空间往往比物质奖励更重要。另外，制定风险承担制度也是十分必要的。

主体基元三：企业家

企业家是从经营者中抽象出来的一种特殊类型的社会角色，其职能是创新，创新是企业家的主要工作。创新是一种行为，而企业家则是创新的主体，企业家可以是资本家，也可以是企业经理，但并不是所有的经理都是称职的企业家，相反，相当一部分经营者不能被称为企业家，因为他们并没有从事创新工作。也有的学者把企业家看作对以创新为主要手段、从事企业经营和管理并取得了显著业绩的一类企业领导人的尊称。可见，企业家创新行为的重要性。

强调企业家在企业的创新主体地位，最为重要的是企业家要具有一种创新精神。这种精神主要是指企业家在经营管理企业的特殊环境中形成的，体现其职业特点的，独特的思想意识、思维方式和心理状态。如果企业经营者、领导者、管理者具备这些精神因素，我们就可以称其为企业家。当然，说具有创新精神的企业家是创新的主体，并不是要求企业家每时每刻都要创新，而是指他们能够把创新作为企业的头等大事，作为他们思考问题和开展工作的重要出发点，并在企业活动中以此为核心来感染企业成员去不断创新，不断提高企业创新活动的生命力。具体来说，企业家在企业整体创新中有以下重要作用。

第一，企业家是企业整体创新的推动者。无论是在具体的技术创新中，还是在企业的管理创新中，具有创新意识的企业家都以其永不满足的创新精神、敏锐的市场洞察力和判断力寻求创新机会，对各种创新机会进行集中和研究，从中发掘创新设想，并通过调查资源支持状况，评估设想，做出创新设想和实施决策。在企业整体创新规划制订的过程中，企业家通过其权力和威信，引导、影响和决定企业创新规划，通过有助于创新的组织文化建设和对企业创新人员的激发鼓励以及对组织内各部门之间的有效协调，推动企业创新活动的顺利开展。当遇到创新困难时，需要企业家组织协调内外部资源以克服难题；当缺乏创新动力时，需要企业家组织改革企业内部运行机制和组织机构，使企业成为一架有效的创新机器。

第二，企业家是企业整体创新的组织者。在确定了企业创新的总体方向后，围绕创新的资金筹措、组织实施、信息沟通、商品化、高技术创新等方面，企业家有步骤地组织创新工作。企业家在企业创新过程中要负责提出创新设想，规划企业创新活动，筹措创新资金，组织技术创新，建立有效的社会联系网络，推进技术创新成果的商业化。在企业创新资金筹措方面，企业家以其杰出的信誉和显著的能力取得投资者的信任和资金的投入；面对复杂多变的环境，企业家通过其极强的人际交往能力，建立社会联系网络，将创新机会和资源支持通过网络的信息交换紧密结合起来，使企业得以准确地识别创新机会、有效地寻求创新资源，并及时地根据环境的变化做出相应的调整；在创新成果的商业化过程中，企业家更是承担着把创新的各个基元有机地整合起来的任务。

第三，企业家是企业创新文化的培育者。企业家的创新精神决定着企业文化的发展方向。企业家只有通过权力、感召力和创新精神，培育和建立有利于企业整体创新的文化氛围，发挥其卓越的管理才能，创造性地运用企业内外资源开拓商品市场，组织和管理企业创新活动，整合调动创新积极性，拓展创新意识和思维的精神空间，坚定员工的信念，才能使企业的整体创新成为可能。企业家培育的创新文化不仅要基于企业内部具体的技术创新环节，更为重要的是在企业整体创新的各个基元和节点上都要塑造和培育一种有利于企业持续发展的创新型文化，只有这样，企业才能在竞争激烈的市场大潮中立于不败之地。

主体基元四：企业

企业是企业创新的主体，这是目前企业界和学界公认的。企业作为创新的主体有两层含义：其一是指企业是企业创新投入和企业创新活动的主体；其二是指企业是创新收益的主体。企业的整体创新首先不能离开商业收益，任何企业的创新活动必然与其所蕴含的高额利润相联系。收益是诱发企业整体创新的重要动力。而对于企业的创新活动，无论是小企业还是大企业，都是一项复杂的系统工程，它与特定的市场、资源、人才、环境、技术等形成了一种复杂的非线性关系。这种复杂关系的解决和协调，往往需要倾注整个企业的资源才能实现，这也是企业作为创新主体的重要原因。特别是对那些需要从科研院所引进新技术的活动，更是需要企业的参与才能实现。在科学技术与经济整合的过程中，也只有企业才具备这种实力。

总之，企业整体创新的主体是企业创新行为的发动者、实施者。多元、多层次创新主体是企业整体创新的核心要素。在具体的创新活动中，根据不同的问题，应建立一种在不同的时间内以不同的主体为核心、其他主体为辅助的动态主体群，如技术团队、营销团队、管理团队、文化团队等都可以成为核心主体。只有这样，企业的整体创新才具备基本的主体条件，企业的整体创新才会成为可能。

二　目标基元：创新行为的引导因素

目标基元是企业整体创新中的第二类因素。企业整体创新中的目标是指企业在一定时间和可达到的创新条件下，可以确切把握的有限成果，是一定时间内企业整体创新所指向的终点。企业整体创新中的目标包含企业创新的指向和衡量该指向是否令人满意的标准的双重含义：作为一种指向，企业创新目标引导着企业创新活动的发展方向；作为一种衡量标准，企业创新目标决定着企业是否会获得预期的收益。

1. 企业整体创新目标的构成

Tidd 指出，企业创新管理的价值目标取向应包含以下几个方面：以战略性视野看待创新和创新管理问题；开发和运用有效的实施机制及结构；提供创新支持型的组织结构；建立和维持有效的外部联结。而 Francis 和 Bessant 则用 4 个 "P" 阐释了创新目标定位的内涵：引入或发展创新型产品（products）；引入或发展创新型流程（processes）；定义或重新定义企业或产品的定位（positioning）；定义或重新定义企业技术的主导范式（paradigm）。以上两种理论为企业整体创新的目标定位提供了一种结构化的方法。

具体而言，企业整体创新的目标定位应包含以下内容：①企业整体创新的战略性定位。根据企业整体创新的域外原理，企业的创新源一般来自企业外部，它一般不直接体现在产品的构成要素或功能之中，而是来源于企业成品或服务的潜在消费者的心目中的某种寓意或企业市场细分的选择目标。因此，企业整体创新的战略性定位应做到两点：一是基于消费者理解技巧和信息获取能力提升的市场主导权力的转变，确定企业成品或服务的创新指向；二是基于企业现有的可资利用或达到的技术与管理资源，定位未来新技术、新产品和新服务的市场化与市场开发手段的整合化、模块化的发展方向。②企业创新型产品或服务的类型。创新型产品或服务类型的选择，是目标体系的核心目标。企业应选择性能优越和具有竞争力的产品作为首要的创新性目标定位，但这样的选择会受到市场发展状况、产品主导逻辑、资源可获取性、技术机会主义和不确定性的影响。因此，在创新型产品或服务的定位中，企业从市场机会的搜寻到机会的选择，应通过信息的集聚和分析不断解决各种问题，降低不确定性。这就需要一种包含内外部复杂性及关联度的创新性流程。③创新性流程。创新性流程是创新活动与行为的系列化与程式化。创新是创新性流程的产物，而创新性流程则是带来新的、市场可接受的产品与服务或新型生产与交付系统的一系列活动与行为，包括研发活动、产品与工艺开发活动以及市场开发活动等。

④创新性范式。范式是科学哲学的专有名词，范式的形成标志着科学理论的成熟和一个公认的概念框架或一组规则被接受。将其引入企业整体创新活动，不仅意味着企业整体创新行为的规范化和常规化，而且也意味着在企业创新过程中，在主导范式形成之前，应允许各种技术、管理和文化模式的竞争，而当主导范式形成后，则意味着企业整体创新框架的相对稳定。

2. 企业整体创新目标体系的设计原则

企业整体创新目标体系的设计应符合 SMART 原则：明确的（specific）、可测量的（measurable）、行动导向的（action – oriented）、务实的（realistic）、有时间表的（time – related）。或称之 PRAMKU 原则，即

P——精确性（precise）

R——现实性（realistic）

A——可实现性（achievable）

M——可测量性（measurable）

K——知名性（known）

U——被理解性（understood）

即目标体系的设计应尽量做到精确、量化；应最大限度地符合企业的现实条件和市场的发展轨迹；其目标体系的具体内容应充分被企业的创新主体所理解。

3. 企业整体创新目标体系的设计程序

目标设定的程序通常有"由下而上"和"由上而下"两种模式，但所有目标的设定都是由上下双方沟通完成的。通常，第一步应是"由下而上"的，即由"市场客服部"的基层（组织）或员工根据市场发展现状的调研上报创新目标计划，企业根据汇总的上报创新计划，进行平衡，进而形成公司总体创新目标。第二步则是"由上而下"的，即目标体系的细化。每一位主管在制订具体目标的执行计划过程中，均需根据企业的总体创新目标，并与其直属主管磋商，然后拟妥目标草案，经直接主管同意而定。其中重要的一点是，目标执行人对期望成果和目标责任的认同。

4. 企业整体创新目标的实施

企业整体创新目标的实施过程是一个质量管理的系统工程，可引入质

量管理的六西格玛原理：以客户满意的标准为标准，确定现有产品和服务对标准的偏离度（来源于六西格玛的正态分布原理，寻找"偏离度"），然后以尽量（如不同等级的 σ，如 1σ、2σ、3σ、4σ、5σ、6σ 为目标）消除"偏离度"作为创新目标。可以参考六西格玛的运作模式，采用定义、测量、分析、改进、控制五阶段法，简称 DMAIC 法，即

定义阶段 D（define）：确定顾客的关键需求，以此识别创新型产品或服务需要改进之处。

测量阶段 M（measure）：测量企业现有条件、工艺、服务和过程的现状与期望目标的差距，寻找偏离度。

分析阶段 A（analyze）：在分析数据的基础上确定创新过程的关键因素。

改进阶段 I（improve）：根据创新的指标要求或顾客反馈，减少和改进创新型产品或服务的缺陷或变异。

控制阶段 C（control）：将改进后的创新范式标准化，并建立有效的监控体系，以保持企业整体创新行为的可持续进行。

三　资源基元：创新行为的基本依托

1. 创新资源基元的界定

创新资源基元的界定是企业选择和运用创新资源的必要前提。企业和学界对此做出了广义和狭义的区分。

广义创新资源是所有对企业技术创新过程实现和创新成果取得发挥作用的物质和非物质资源的统称，包括直接参与服务于创新过程各阶段的各类资源，以及创新成果的保持、扩散所需的各类资源，涉及整个社会资源系统及其与企业交互作用关系中的资源利用特征。

狭义创新资源仅指直接参与企业技术创新活动，并对创新成果的形成起决定作用的各类物质和非物质资源。通俗地讲，就是企业技术创新活动所必需的人、财、物、技术和信息。这些是完成创新不可或缺的要素。企业对创新资源的追逐，首先体现在对这些狭义创新资源持续不断的搜索 – 获取 – 整合 – 利用 – 保持 – 更新循环的过程中。

2. 创新资源基元的含义和特征

企业整体创新包括技术创新、制度创新和文化创新等，其核心是创新生产方式。因此，企业整体创新的创新资源包括非智力资源和智力资源两大类，其核心是智力资源。

非智力资源指企业进行生产经营活动所需并拥有的资金、商业模式、市场、土地、资金、厂房、建筑物、构筑物、机器设备、仪表、工具、运输车辆和器具、能源、动力、原材料和辅料等。

智力资源是信息、科技、知识、管理、脑力、创意以及人力资本等要素的统称，其中接受高等教育或一定培训的技能型、管理型、研究型人才的智力潜能与效能更为核心。它既包括作为各种能力的人的智力本身这一无形资源，又包括智力成果和智力载体等有形资源。

智力资源既是企业一种潜在的应用知识与技能创造价值的能力，也是一种聚合知识载体并发挥其作用的功能机制。包括企业家、管理者、专业技术人员等个人的显性知识和隐性知识、管理水平、技能和创新能力，也包括组织内的各种结构资源和其有效利用的机制平台。

非智力资源相当于企业的硬资源，智力资源相当于企业的软资源。非智力资源对智力资源作用的发挥起着重要的支撑作用，而智力资源既面向创新成果，也对非智力资源起到有机整合的作用。就单个企业而言，整体创新工程就是要着眼于企业"整体系统"效益，在每项基本要素都是有限的情况下，通过"系统"实现"最优"，这也是我们着眼于企业"整体创新系统"的出发点所在。

非智力创新资源相对欠缺的企业，可以从企业外部寻求更多的帮助和支持。国家近年来发展起来的各类科技企业孵化器、区域性仪器设备共享服务平台和社会办中试基地的出现，在很大程度上缓解了企业创新中遇到的困难。所以，有效利用外部资源来推动企业整体创新，已成为企业资源管理能力的重要构成。

重视智力资源的开发成为企业管理中的一个重要趋势。智力资源的丰富内容有：①企业人力资源中所含的智力资源部分，即高层管理的前瞻性，中层管理的协调和沟通能力，基层员工的创造积极性。②企业结构资源中所含的智力资源部分，即企业对环境的应对能力和协调能力，运作的灵活性和有效性，集体知识共享环境和学习能力。③企业外围的市场资源中所含的智力资源部分，即消费者对产品与服务的认同与评价。④知识产权中的智力资源部分，即促使新知识和新技术不断产生的机制和组织手段，相关知识的积累和增值。

智力资源是"可以创造新价值的价值"，我们称之为创新资本。创新资本的提出，可以为我们从资本的角度把握企业整体创新提供一个新的思路：企业整体创新工程是一个吸纳智力资本和非智力资本、形成创新资本的过程。因而可以说，创新经济是由创新资本推动的经济。

四　环境基元：创新行为的土壤

1. 创新环境的界定

创新环境的概念最先是在20世纪80年代末，由欧洲创新环境研究小组（GREMI）的学者们在研究欧洲高新产业区的过程中提出来的。GREMI先后提出了"创新环境""创新网络""集群学习"等概念，其中创新环境是对高科技和创新密集型中小企业集聚区的指代。

牛毅君提出，企业创新环境是"特指的在中小企业周围、由于共同物质条件而互相联系起来的人群情况和条件"。阮汝祥将创新环境定义为影响人们创造和创新活动的一切外部因素。影响企业创新发展的外部环境因素包括制度环境、法律环境、市场环境、人力资源、中介服务、教育创新、文化环境和基础设施等，营造一种浓厚的创新氛围和有利于高新技术企业快速成长的良好环境，对一个地区乃至一个国家高技术产业的成功发展至关重要。王缉慈将创新环境定义为发展高新技术产业所必需的社会文化环境，它是地方行为主体（大学、科研院所、企业、地方政府等机构及其个人）之间在合作与交流的基础上所形成的相对稳定的系统。

在上述三个定义的基础上，我们认为，企业创新环境应是企业内部环境和企业外部环境的有机结合，是与企业创新行为相关的内外要素和系统的总和。根据我们前面的分析，企业整体创新的主体应是员工、内企业家、企业家和企业在内的"四位一体"的格局，因此，在企业实施创新行为的过程中，一切影响行为的因素都应是创新环境的要素。

2. 创新环境的特征

开放性。从系统论可知，封闭意味着熵增、落后和衰亡；开放则意味着有序、生命和进步。企业创新环境在演化过程中必须是开放的系统，需要不断地与企业系统进行物流、能流、信息流和人才流的交换，即引入负熵，克服内部熵增，使系统总熵不断减少，有序程度不断增加，创新能力不断增强，因此处于整体创新中的企业应成为一个开放的系统。

集成性。从地域空间的角度看，从1989年在巴塞罗那会议上 GRE-MI 定义了一个新的空间发展理论模型即"创新的环境"以来，企业创新环境被视为一个"集"已成为一种共识。作为"集"的企业创新环境要求企业管理者要善于围绕企业的目标基元将企业内部和外部的物流、能流、信息流和人才流不断地有效整合为一体，从而保证企业创新土壤的肥沃。

3. 创新环境基元的分类

依据美国学者纽曼的划分，外部创新环境可分为三个层次：第一层是具体的微观企业所面临的特定运营环境，第二层是企业所处的行业环境，第三层则是企业面对的一般环境。布昭斯（Bourgeois）将企业外部环境明确地划分为任务环境和一般环境。任务环境包括所有对企业日常交易产生影响的因素，包括市场环境、融资环境、中介服务环境、制度法律环境和竞争环境等。企业是一个与其任务环境相互作用、相互依存的系统，并随时关注其一般环境的潜在作用。一般环境指可能影响组织的广泛外部条件，包括国际经济环境、政治环境和社会文化环境等。相对于企业或企业活动而言，任务环境起着直接影响作用；一般环境则间接影响企业长期活动。任务环境所包含的要素一般是企业根据目标基元来确定其指向，一般环境则通过任务环境在短期内影响企业的决策和活动；从长期来看，企业的决策和活动也可以通过对任务环境的影响作用于企业的社会环境。

企业的内部创新环境可以分为企业的资源环境、运作环境和企业文化环境。资源环境即立足于企业的资源基元而形成的在创新过程中对人、财、物、技术等基本资源的使用情况，包括技术能力、人力资源状况、企业设施和资金状况；运作环境包括企业管理能力、企业创新方式和企业生产营销状况；企业文化环境即企业员工共同的价值观和行为规范的总和。

五 运行基元：创新行为的流程与行为

审视现代企业，企业的流程化运行已成为一种普遍的管理程式。从生产领域扩展到财务、交易、销售、招聘等各个方面，企业的流程化运行年复一年不断精细化，几乎把每一个管理者以及所有成员或多或少地容纳其中。但是，创新行为的流程问题成为很多企业头痛的问题。面临巨大创新需求和市场压力的现代企业如果要保持创新的不竭动力，必须解决企业整体创新过程的流程问题。

21 世纪，"知识创新"日益成为企业竞争的关键因素。同样，企业管理关注的焦点也由传统的成本和质量发展到知识管理和创新。因此，企业整体创新的运行基元——创新行为的流程应着眼于知识管理，搭建"企业创新的高速公路"。具体来说，企业创新行为的运行应包括以下流程。

1. 获取大量市场信息，识别创新目标

很多企业在创新流程管理中往往将注意力凝聚在创意上。但是，人们往往忽视的是，好的创意往往来源于企业对外部大量信息的获得。其中最为重要的是市场信息，如潜在的市场需求，换句话说，企业创新的动力来源于企业外部市场。

以富有创造力的利乐公司为例，早在 20 世纪 50 年代，利乐开始为液态牛奶提供包装。自此以后，它就成为世界上牛奶、果汁、饮料和许多其他产品包装系统的大型供货商之一，拥有 5000 多项技术专利，还有 2800 项正在研发和申请中。这样的创新巨头从不缺乏创新的激情。它力求将发明和实践完美结合，使创新的技术能力具备商业化的可行性，有一系列的理念和流程保证创新源源不断。利乐成功的秘诀在于以流程保障创新。利乐公司将研发事务提升到公司高层管理的高度，并从客户的角度来审视研发工作。这意味着采取跨领域的思维方式，并打破公司内部的条条框框。利乐将研发中心分散在多个国家，让技术创新与市场更

加贴近。而且，以流程为导向在利乐研发部这种全球分散的机构中相当重要。利乐创新力的秘诀还在于深刻理解和不断满足用户的需求，坚持不懈地创造出富有趣味的产品。利乐在全球有一个100多人的市场感知团队，他们分布在不同的地方，团队的工作就是去感应市场。利乐执行副总裁葛若山博士认为，"好比是公司的探测器或感应器。只去问客户需要什么，是远远不够的。我们需要对市场有第一手的感知，这样才能够让我们预见到这个市场的需求，我们必须在客户提出要求之前，比他们早一步知道这些趋势"。

2. 优化知识流通渠道，促进创意的产生

通过市场信息的获取确立了企业创新的目标取向后，企业的重点工作就是促进新的创意的产生。从某种程度来说，企业的整体创新能力取决于新的创意。传统意义上的创新主要关注创意本身，而整体创新意义上的创新保证知识流通渠道的畅通，使好的创意能够顺利地转化为创新。因此，企业需要对组织结构进行调整，优化知识流通渠道，促进知识的流通与转移。由此促进企业的创新团队成员能有效理解可能只是一个想法或灵感的初始创意，并通过知识共享对创意进行初步的研究、分析与整合。只有创意被大家广泛接受和采用时，创意才能转化为创新。企业促进知识流通和共享的方式很多，如通过人才流动，通过组织内部会议交流学习，成立跨部门小组或国际网络工作小组，建立专家知识地图，加强员工培训，增加教育投入等。

3. 企业协同作战，为创意实施做好准备

创新思想的可行性按照技术、市场和企业组织领域方面的条件加以反复调研论证。首先，立足于企业总体情况，从市场、技术、销售、资金、行政审批、技术经济分析等方面得以确定，从而拟定正式的立项建议书或可行性研究报告。其次，项目领导者要使创新思想更有说服力，要利用组织能力使自己的同事、下属和企业外专家支持这一项目，公司的组织结构要鼓励员工在纵向和横向两方面进行合作。最后，准备阶段还要进行工程性可靠分解，为研究开发做好充分的准备。根据前一阶段所产生的各种需要，调配企业所拥有的各种科技、人力、物力、资金、设备等为进一步的小规模研究开发做准备。

4. 以研制、优化和验证为主线，推进企业创新实施

研制阶段：这一阶段的任务是形成方案的初步概念。在概念设计中要充分考虑满足企业和客户需求的模型。在此阶段可以采用 TRIZ 方法确保创造性设计的产生。TRIZ 创新理论是苏联发明家根里奇·阿奇舒勒整理的一整套的发明问题解决理论。它包含了 40 条创新原则，比如分离原则、抽取原则、局部质量改善原则、嵌套原则等。TRIZ 理论中的那些创造性思维方法一方面能够有效地打破思维定势，扩展创新思维能力，另一方面也提供了科学的问题分析方法，以按照合理的途径寻求问题的创新性解决办法。此阶段，TRIZ 还可以与前面提到的创新目标识别结合起来。由于识别阶段明确了为满足用户需求"做什么"；TRIZ 则提供了一系列解决困难的方法从而解决"如何做"的问题。两者有机结合，就能够帮助企业实现更有效的产品概念设计。

优化设计阶段：遵照稳健性原则，在一个由企业和客户需求确定的制约范围内自由设计，目标是满足企业和客户需求，在保证赢利的条件下提高客户满意度。优化设计的目标：降低过失、不确定性、可靠性差等这些因素。

验证阶段：从概念到设计的最后形成，考察验证生产能力，然后建立、测试、固化原有的模型。验证阶段就是要验证最优化的设计、明确地记录企业的工作，以便不断重复利用这些步骤，好的设计和成功方案在以后多次被应用。

企业整体创新的设计应该从市场开始，因此设计者需要敏锐的市场洞察力，从而追求精良的产品或服务设计、质量受控的生产，并坚持以客户为关注焦点。通过清晰明确的营销战略、成功的设计、无缺陷的生产、最终完美的交付，推出优秀的产品或服务。

六　价值基元：企业决策和经营的基准点

企业整体创新的价值基元是指创新行为产生的社会与经济价值。

1. 企业整体创新价值基元的构成

价值基元蕴含在企业整体创新之中，它不仅发挥引导作用，而且它的外化必将决定企业创新的最终结果。没有实现价值，则意味着企业创新在最终意义上的失败，从创新成果到整个企业的生命周期都会受到严重影响，甚至使企业失去市场基础或社会基础，最终必然趋于失败。价值基元的构成主要包括以下几点。

（1）顾客价值。在企业通过整体创新实现价值基元时，首先需要关注顾客价值。在一定意义上，顾客价值引导企业避免把资源浪费在对其他企业的模仿竞争上，而把创新重点放在把握顾客需要与评价的变化趋势上，为顾客提供更具价值的产品和服务，从而获得持续的竞争优势。所谓市场导向，在很大程度上是顾客价值导向。

（2）经济价值。经济价值是企业整体创新直接关注的价值，只有企业的创新行为能够创造经济价值，企业利益相关者的利益才能得到保障。从事创新的企业所承担的风险往往会超出同行业或社会平均风险水平，但正因为如此，企业创新的经济价值才包括了风险价值，即企业在技术上创新所创造的价值及企业在其他经营管理上优于同行业或社会平均水平而创造的价值。知识经济、创新经济时代经常由经济的特征决定，企业必须通过保证企业的技术水平的不断提高才能获得超出同行业利润平均水平的价值。同时，企业也要通过不断创新经营管理模式，提高经营管理水平保证企业的创新能力，从而尽量降低企业创新所承担的风险。因此，一个具有创新精神的企业，会不断引进优秀人才、技术，加大创新投入，不断进行创新研究。

（3）社会价值。企业在创新过程中，新产品、新技术市场、新经营管理模式价值的实现与企业社会价值设计密不可分，企业社会价值建立在企业社会责任和可持续发展的基础上。企业将现有的创新领域、责任领域、可持续性领域（如新产品或服务设计的环境设计）交织在一起。企业社会价值是"行动中的企业社会价值"，是企业在创新过程中应关注的重要维度。企业在从事经营活动中，需要正确处理企业与社会、公众的关系，从而树立企业良好形象，获得企业的品牌价值，在知名度、信誉度、亲情度、美誉度等各方面得到公众认可。通过"内求团结，外求发展"，推动企业自身的进步及与社会的融合。比如在产品和服务设计时要有一种无障碍设计的意识，充分考虑社会公众中特殊群体（如老年人、儿童和残疾人等）的需求，促进企业在产品和服务上的不断创新。企业社会责任的履行，也是降低创新带来风险的有力举措。企业社会价值不应只是企业的口号或标签，它对消费者行为、企业声誉、企业的市场占有率和长期价值增长潜力都有着重要的无形作用。因此，企业应将社会价值的实现贯穿于核心战略与创新过程之中。

（4）核心价值。核心价值是指整个社会需要遵循和敬畏的最高价值体系。中共十八大报告提出，"倡导富强、民主、文明、和谐，倡导自由、平等、公正、法治，倡导爱国、敬业、诚信、友善，积极培育社会主义核心价值观"。企业置身于社会，企业的创新工程是社会发展与变革中能动的有机构成。因此，企业遵循和实现核心价值不仅责无旁贷，而且为企业长远、可持续发展提供了最为重要、最为根本的价值依据。将核心价值体系的价值取向作为企业创新价值基元领衔的、引导性的基本构成，才能使企业顾客价值、经济价值、社会价值的实现有根本保证，并有源源不断的生机与动力。

2. 企业实现创新价值的基本原则

企业是一个复杂的系统，企业的创新价值体现为一种整合效应。企业实现创新价值应该遵循以下原则。

第一，前瞻性原则。实现价值基元，尤其是社会价值、核心价值，需要企业家和所有创新主体高瞻远瞩的理性意识、放眼国内外发展趋势的视野与胸怀。前瞻性是克服短期行为、急功近利的精神前提，是克服企业发展和创新工程所遇到的种种诱惑、陷阱和障碍的重要的心理素质。调研发现，思想理念的前瞻性，是那些具有持久成长性企业中，领导者与管理者最为难得的人格品质。

第二，系统性原则。企业整体创新是一个自上而下层层深入的过程。影响企业创新价值的因素不是孤立存在的，它们之间相互联系，只有对其加以系统认识，才能发现关键的影响因素。同时，企业也将自身视为整个社会大系统中的一个子系统，综合考量企业之外因素对企业创新的影响。在分析影响企业创新价值的影响因素时，不仅要关注企业的人、财、物、技术、管理等因素，也要对供、产、销过程，企业文化，信息，品牌，公共关系建设等予以重视，要从全局出发，综合考虑。

第三，可控性原则。企业确定的影响创新价值的关键因素应是可控的，并且要明确相关责任人或责任部门。确定关键影响因素，旨在加强企业的价值管理，提升企业价值。如果确定的影响因素失控，对企业而言就失去了关注的意义，势必会阻碍企业创新价值的实现。

第四，动态性原则。企业不仅要关注目前哪些因素影响了企业创新价值，更要注重未来可能有哪些因素会影响企业创新价值。企业要在生产经营状况的不同阶段适当调整相关因素及其管理，以保证企业经济价值和社会价值的实现。

参考文献

杨春燕、蔡文：《可拓工程》，科学出版社，2010。

金吾伦：《感悟科学》，湖南人民出版社，2007。

〔美〕埃里克·冯·希普尔：《创新的源泉》，柳卸林、陈道斌等译，知识产权出版社，2005。

〔美〕伊莱恩·丹敦：《创新的种子》，陈劲、姚威等译，知识产权出版社，2005。

〔美〕约翰·杜威：《评价理论》，冯平、余泽娜等译，上海译文出版社，2007。

路宁：《科学的沉思》，吉林大学出版社，2000。

The Primitive Analysis of the Enterprise Overall Innovation Engineering

Lu Ning, *Ai Zhiqiang*

Abstract：Enterprise Innovation is an important overall Engineering. From the theoretical level, the project is made up by the primitive theory of innovation, principles of innovation, the management of innovation, the evaluation of innovation and a series of mutual connection of theories. This paper focuses on the primitive theory of the enterprise overall innovation engineering. Based on the primitive theory of the extension project, the analysis is undertaken from six "Innovative Primitive" factors, including "the body" "the resource" "the operation" "the environment" "the target" and "the value", which affect the enterprise overall innovation, so as to absorb the "characterized advantage" made by "the extension engineering" on "primitive", and it describes the factors which influence the innovation in depth and details in order to lay a solid ideological foundation for promoting innovation project as well as provide reliable operation principles. This paper is written based on lots of researches on enterprises.

Key Words: Enterprise Innovation; Primitive Theory; the Goal; the Value

老子"无为"哲学中珍贵的
反异化思想

权雅之 *

【摘要】 在老子道家哲学中，"无为"思想占据重要地位，但容易受到误解、误读。"无为无不为"思想中包含了深刻的反异化思想主张，是老子"道法自然"哲学本体论的一种具有启发意义的重要表述。通过对比儒家、法家学说，本文探讨了道家哲学蕴含的价值理性，论述了老子的所谓"无不为"是一种超越状态，是一种价值引领并实现价值的追求、创造、进取状态。这样一种超越状态的核心，既是对生态价值的追求，也具有深刻的现实意义。

【关键词】 道家哲学　无为　反异化　生态价值

中国传统文化和哲学史上有一个十分奇特的现象：老子及其学说曾受到高度评价，甚至传播到海外之后，西方哲学家也对其倍加赞赏；与此同时，老子哲学也受到许多诟病，更存在种种误读、误解。

如此待遇，虽然奇特，却并不奇怪。最主要的原因有：其一，老子是开创一派哲学的大家，其本体论思维与古今中外哲学家的思维或貌合神离，或神似貌异，或交错分殊，但总体上看可以说是卓尔不群，独树一帜。其二，老子将目光瞄向终极探求，一切论述全部在终极探求的基点上依次展开，诚如柳诒徵先生所说："是则吾国形而上之哲学实自老子开之，

---

* 权雅之，中国管理科学研究院编辑出版研究所研究员。

亦可曰一元哲学实自老子开之。"① 后来的学者，只要不能从终极思维意义上去解读老子，哪怕偏离一分，也会对其原意得出大相径庭的理解。其三，老子是春秋末战国初的思想家，其所处之时，派系纷呈、"百家争鸣"的时代尚未到来，亦未形成后来许多"约定俗成"的成见，故而老子在表述上有一种无所顾忌的"单纯"，即无须考虑后人会如何误解自己。而老子本来也未寄希望于人们能够充分理解他，在一种"知我者稀"的感叹中直言不讳，以至于后人中就有人深以为老子"荒诞不经"。况且，老子一旦成言，便隐形晦迹，再无任何阐释或辩解，一任解读者"言人人殊"。

在众多的对老子的误读、误解之中，最需要辩驳澄清的，就有"无为"这一提法。由于对"无为"的误读、误解，以致对老子学说中一些原意的理解出现南辕北辙。这里仅举一例，比如本人很尊敬的吕思勉先生在解读"无为"的时候说，《老子》书又主张无为。无为两字的意义，每为后人所误解为训化。《礼记·杂记》：子曰："张而不弛，文武不能也。弛而不张，文武不为也。"此系就农业立说，言弛而不张，虽文武亦不能使种子变化而成谷物。贾谊《谏放民私铸书》："奸钱日多，五谷不为"正是此义。野蛮部族往往好慕效文明，而其慕效文明，往往牺牲了多数人的幸福。①因社会组织，随之变迁。②因在上的人，务于淫奢，因此而刻剥其下。所以有一种反动的思想，劝在上的人，不要领导着在下的人变化。在下的人，"化儿欲作"，还该"镇之以无名之朴"。这正和现今人因噎废食，拒绝物质文明一样。②

非常遗憾！老子的原意，与吕思勉先生的解读恰恰相反。

老子所信任的，是人们的"自宾""自化"。所以强调"在上的人"应当"无为"。老子说得很清楚，"是以圣人去甚、去奢、去泰"③；"圣人无常心，以百姓心为心"④；"我无为，而民自化；我好静，而民自正；我无事，而民自富；我无欲，而民自朴"⑤。将着眼于人民的自化、自正、自

---

① 柳诒徵、吕思勉：《文化十六讲》，中国友谊出版公司，2009，第25页。
② 柳诒徵、吕思勉：《文化十六讲》，第265～266页。
③ 《老子》第二十九章。
④ 《老子》第四十九章。
⑤ 《老子》第五十七章。

富……说成代表"在上的人"的"反动的思想",说成"拒绝物质文明",这样的误读是比较严重的。其实,老子的意思很明显:既反对统治者的骄奢淫逸,又依靠人民群众自主的力量追求发展变化。

如果不引入异化概念,是很难深刻理解老子和道家哲学的。虽然2500多年前的老子不可能明确提出异化概念,但他显然从辩证思维出发,深刻地涉及、意识到异化问题。五千言的《老子》之中,批判异化的言论和反对异化的观点比比皆是。"重为轻根,静为躁君";"虽有荣观,燕处超然"①;"知其雄,守其雌";② 等等,充分反映出老子对异化现象的高度关注。而"物壮则老,是谓不道,不道早已""果而勿矜,果而勿伐,果而勿骄"的警示;"知足不辱,知止不殆,可以长久"的提醒;"生而不有,为而不恃,长而不宰"的告诫,在今天看来依然可以作为反异化的至理名言,其思想内涵值得我们认真理解和充分发掘。

老子说:"为学日益,为道日损,损之又损,以至于无为。"③ 所谓"为学日益",无疑是积极进取的,岂不是与"为道日损"相矛盾?这里,老子对于以往人们的"有为"是极不信任的。在所谓"有为"之中,人们非常容易忽略、忘记,以至于背弃天道,以主观意志取代一切事物系统运行中的基本规律。严格地说,人们是有理性的,任何作为只要有一定的理性抉择,就有可能在一定程度上遵循客观规律,从而取得一定的成果,获取一定的利益。但是,也正因为如此,人们特别容易以掌握了某种局部的规律、子规律而自以为是、盲目自信;特别容易由顺化而走向异化,并以异化而洋洋自得,以异化为伟大成就。同时,老子还认为:"祸兮福之所倚,福兮祸之所伏。"④ 由帝王制定的纲常礼教、法律规范等,初始时或许有"替天行道"的依据,但一旦异化,便成为束缚人、压迫人的桎梏藩篱。

以法家为例:法家杰出的开拓性人物管仲,应该说是道家与法家之间的中介人物。管仲说:"疑今者,察之古;不知来者,视之往。万事之生

---

① 《老子》第二十六章。
② 《老子》第二十八章。
③ 《老子》第四十八章。
④ 《老子》第五十八章。

也，异趣而同归，古今一也。"① 与老子"执古之道，以御今之有"思路相通。所以管子素被认为"其学与老子同原"。后世许多学者，也多有法家源于道家的看法。然而，后来管子说："法者，民之父母也。法者，天下之至道也，圣君之实用也。法之制民也，犹陶之于埴，冶之于金也。君臣上下贵贱皆从法，此之谓大治。"② 此时的管仲，已经偏离道之"玄德"，从实用主义"经验总结"出发，走到了法的异化的边缘。后来韩非、李斯等治秦，进一步走向极端。秦国的富国强兵，建立一统天下的"成就"，印证了法家思想和治国之道在一定阶段、一定程度上和一定范围内遵循规律、符合天道的功能，但很快走向异化。而异化之后的法家主张，依然被历代统治者视作"成功经验"而奉为圭臬，以至百代历行秦之政法。可以说，中国历史上的严刑峻法以及皇权专制，在很大程度上是法家思想异化的产物，总体上发挥了压迫人民、剥夺人民福祉、禁锢科学文化、束缚社会发展的负面功能。

儒家的"君君臣臣父父子子"以及纲常礼教等，也有同样的情况。周礼及之前的礼，体现了华夏文明独特的发展道路，在一定阶段、一定程度上和一定范围内遵循规律、符合天道。但后来的异化也是非常严重的。儒家思想体系中，始终有源自道家或发展道家的终极思维成果，即符合总规律的思想主张，因而不能一概否定。道与儒的关系和道与法的关系不同。但只要认真剥离，可以看到其与道家的一个根本区别：道家主张"生而不有，为而不恃，长而不宰"；而儒家则不同，儒家在西汉"独尊儒术"之后，其至尊地位很难避免其中某些思想主张的异化。

我们说儒家、法家思想学说当中都有符合一定历史需要、符合总规律要求的内容，尤其是儒家思想，更有可以纳入人类先进文明和现代价值体系的思想精华，但是也都有走向异化的思想主张。中国历史上，儒与法中的异化部分在成为糟粕和意识形态绳索，以至成为社会弊端的思想渊薮之后，依然受到许多人的尊崇，作为少数统治者的利器而发挥作用。老子极富远见地预见到，"大道废，有仁义"③；"失道而后德，失德而后仁，失仁

---

① 管子：《山高篇》。
② 管子：《法法篇》。
③ 《老子》第十八章。

而后义，失义而后礼。夫礼者，忠信之薄，而乱之首也"。① 这里，老子实际上是在论述价值层次的递减。正是针对这种情况，老子指出"为道日损，损之又损，以至于无为"，继而提出"无为而无不为"。老子的思路是清晰而且精湛的：从"反向递增"（有为）返回（"反者道之动"）！返回到最高价值、核心价值（无为），然后在正向价值引导下追求发展（无不为）。

老子所说的"有为"，指的是人们违背客观规律，或者以次级规律取代总体规律、以子系统运行需要取代母系统运行需要的状况。这样的状况，同时也是一种以人为成果的异化取代系统运行的自化，并且在自以为是、执迷不悟的基础上不断推进和强化人为成果，使异化愈益严重的状态。这是一种个人、群体、人类都极易进入而难以自拔的状态。人不仅容易被理性的褊狭、对所取得成果的骄傲而导入这种状态，而且容易被非理性的潜意识而引入这种状态，即人的本能和欲望在后天失落其天然性而走向奢望与贪婪——欲望的异化。在偏离终极价值的情况下，人的心理动力不是沿着更高的、符合人的价值的需要层次而攀升。人的心理动力绝非仅仅是弗洛伊德所说的欲望、本能，而应当是马斯洛所说的心理需要。马斯洛的"需要说"，是对弗洛伊德的"欲望说"的纠正与超越。但是，弗洛伊德对人的潜意识当中性本能、生存本能、死亡本能的揭示是很精彩的。只不过，恶是善的异化。异化的本能在盗取"人性"的名义之后，以"天然"的姿态而充当动力，实际上已是人性的异化。"化而欲作"成为相当普遍的现象。

这正是老子所言指并反对的"有为"。

老子所说的"无为"，是一种回归状态，所谓返璞归真，即向人性的回归。"居善地，心善渊，与善仁，言善信，正善治，事善能，动善时"。② 所谓"载营魄，抱一，能无离乎？专气致柔，能婴儿乎？"③、所谓"损而又损，以至无为"都是指这样一种状态。这是一种充分尊重、信任、依托、遵循总体性根本规律（"是谓玄德"）以及系统运行中自组织、自调

① 《老子》第三十八章。
② 《老子》第八章。
③ 《老子》第十章。

控、自发展功能的状态。在这种状态下，人是谦虚的，是敬畏的，是清醒的。同时，这是一种依托状态，是对万象生机的依托；是一种顺应状态，是对天下大势（总体规律与趋势）的顺应；是一种真诚状态，是对于大道运行、核心价值的真诚。因而，这也是一种蓄势待发、朝气蓬勃的状态。人类在自然——宇宙的宏观体系面前，永远有着无法彻底认知、彻底了解、彻底掌握的未知与神秘，尽管人类可以而且应该永远去探求、去开拓、去创造，但同时也需要和必须永远保持一种谦卑与敬畏。人类不是自身的创造者，人类是先于人类、高于人类的创造力的成果和子女。伟大的创造力，在西方被说成上帝或人格化的神，但老子认为是道。"有物混成，先天地生，寂兮寥兮，独立而不改，周行而不殆，可以为天下母"。① 总之，人类必须有谦卑和敬畏的对象，这样才有利于人类在自然——宇宙系统中准确定位。而"无为"状态，正是一种承认自己正确定位的谦虚与清醒的状态，是真正坦荡而开阔的状态，是与道相协调的状态，因而是未被修饰、未被污染、未被扭曲的初始状态和本真状态，是"无不为"真正的始发点和坚实的基地。

老子的所谓"无不为"，是一种超越状态，是一种价值引领并实现价值的追求、创造、进取状态，是在依托和尊重总规律、与总规律保持和谐基础上，人类改造和利用自然系统、改造和完善社会系统、改造和发展精神系统的状态。这样一种超越状态的核心，是对价值的追求与实现。道家哲学不仅是本体哲学，也不仅是系统哲学，同时也是价值哲学。"明白四达""上善若水""其中有精，其精甚真，其中有信""为腹不为目""能知古始，是为道纪""蔽而新成""知常曰明""孔德之容，惟道是从""圣人抱一，为天下式"……无不体现出老子对价值的高度重视。《道德经》本身即一部人类早期的价值体系宣言。

因而，在利益实现和价值实现的关系上，追求两者统一。如果一旦冲突，必是利益追求的异化。无为是从异化的返回；无不为是价值实现引领下利益实现的持续。在工具理性和价值理性的关系上，追求两者的协调。如果一旦冲突，必是工具理性的异化，无为是对异化的反思和从异化的回

---

① 《老子》第二十五章。

归，无不为是价值理性引领下工具理性的发挥。同时，"无不为"是一种健康、和谐、有保障的发展状态，是统一协调的系统正向运行状态。正如老子所说："昔之得一者，天得一以清；地得一以宁；神得一以灵；谷得一以盈，万物得一以生；侯王得一以为天一正。"① 这种系统运行，自然是"无不为"的，其中"神得一以灵"其实是突出强调了"无不为"的神奇功效，甚至是奇迹的创造；"谷得一以盈"充分体现了人类劳作获得的丰硕成果的"无不为"。尤其重要的是，如若不能循道，或者是反向价值的"有为"，后果是严重的："谓天无以清，将恐裂；谓地无以宁，将恐废；谓神无以灵，将恐歇；谓谷无以盈，将恐竭；谓万物无以生，将恐灭；谓侯王无以正，将恐蹶"。（同上）这还哪里谈得上什么"有为"呢？21世纪，世界上许多国家意识到环境污染（天无以清，将恐裂）、灾害频仍（地无以宁，将恐废）、资源匮乏（谷无以盈，将恐竭）、生物灭绝（万物无以生，将恐灭）、精神危机（神无以灵、将恐歇）、恐怖主义和权力腐败（侯王无以正、将恐蹶）……给人类带来的严重威胁。如果说老子是古代的环保主义者，是当今环保主义哲学依托的提供者，是毫不为过的。因此，"无不为"的状态，用今天的话说，是和谐发展、平衡发展、科学发展、可持续发展的状态。

柳诒徵先生说："（老子）其教人以无为，非谓绝无所作为也，扫除一切人类后起之知识情欲，然后可以从根本用功。故曰：'为学日益，为道日损，损之又损，以至于无为。'其下即承之曰'无为而无不为'。盖世人日沉溺于后起之知识情欲，不能见此甚精、甚真、甚信之本原，虽自觉无所不知、无所不能，实则如同梦呓。"② 综上所述，老子的"无为"，绝不是消极、倒退、保守、绝对的无为。尽管老子在多处从不同角度论述和强调了"无为"，但对其思想准确完整的表述应当是"无为而无不为"。这是一种大有为、真有为，是科学理性的有为，是价值引导的有为，是避免异化与祸患的有为，是为子孙后代和人类生存环境负责的有为，因而是依托本原，遵循最基本、最深刻的规律而运行的系统的、整体的、平衡的、持

---

① 《老子》第三十九章。

② 柳诒徵、吕思勉：《文化十六讲》，第25页。

续恒久的有为。

这里对老子"无为"思想的"现代语境解读"是不是一种现代性的硬性改造呢？是不是脱离了、拔高了老子意愿呢？不是的。的确，老子的思想和表述与现代语境之间，跨度很大，不仅由于2500多年的遥远时空、截然不同的时代背景，更由于人类思维方式和表述方式发生了巨大变化，还由于道家哲学本身的发展在历史上缺乏延续性，甚至被断裂化、边缘化，因而造成用现代语境和新思维来表述和解读老子思想的难度。但是，正是由于年代久远带来的种种障碍，才更需要一种直抵其深刻、核心思想的穿透性。

On Anti – alienation in Lao Zi's Non – Action Philosophy

Quan Yazhi

Abstract：In Lao Zi's Taoism，"non – action" plays an essential role，but at the same time is easily to be misunderstood and misread. "Taking no action or taking actions" embodies a profound idea of anti – alienation，and is an inspiring expression of Lao Zi's philosophical ontology：Tao follows nature. Through the comparison between Confucianism，Legalism and Taoism，the paper discusses value rationality in Taoism and explains that taking actions is a state of transcendence which leads to pursue，create and realize the value. It does not only pursue the ecological value but also reflects the profound realistic significance.

Key Words：Taoism；Non – Action；Anti – Alienation；Ecological Value

以先进教育理念加强独立学院
教师队伍建设

刘在平*

【摘要】 独立学院孕育和发展的动力是多元的、现实的和深厚的，但也面临着深刻的挑战。从凝聚人才，到稳住人才；从一般的提升人才水平，到培养人才形成特定的教学风格与特色，使师资队伍成为可持续的核心竞争力，需要掌握先进的教育理念。独立学院要明确"争创一流"的战略意识，凝聚优势资源；落实"以教学为中心"的理念，为教师创造优质环境；遵循"人才兴校"的理念，为教师价值实现拓展通途；树立"管理就是服务"的理念，充分发挥教师的主导作用；秉持"多元兼容"的理念，实现教师阵容的高效整合；增强"改革创新"的理念，开拓教师队伍成长的制度文化。其中，"教师教学发展中心"的建设，既需要借鉴国外高校先进经验，也需要独立学院自身的创新变革。

【关键词】 独立学院　教师队伍　人才兴校　教师价值实现　多元兼容

独立学院，总体上说是中国改革开放不断深化的产物；具体说，是在中国教育现代化过程中，教育理念、教育体制、教育模式变革中出现的高等教育新型模式。其孕育和发展的动力是多元、现实的，也是深厚、持久的。既包括世界一体化进程中的文化交流与碰撞、国家软实力的比较竞争等"外发型"动力；也包括中国人才需求、转变经济增长方式、实现可持续发展等"内生型"动力。同时，独立学院能够满足人民群众

---

*　刘在平，历史学学士，法学硕士，吉林大学珠海学院公共基础教研中心教授。

日益增长的接受高等教育的需要，推进大众化教育进程，整合、优化、发掘教育资源，提升国民素质等社会变迁要素，也都为独立学院的成长注入绵绵活力。

"独立"，既蕴含优势与活力，也喻示着考验和挑战。或者可以说，独立学院的生机只有靠艰难的探索和创新，才能充分发育起来、发挥出来。一般来说，独立学院发展要迈过"四大台阶"：抓住机遇、艰难创业的第一台阶；选择模式、明确定位、扩大规模的第二台阶；优化结构、探索创新、形成特色优势的第三台阶；稳步推进内涵式发展、实现战略升级的第四台阶。而从创建到发展的所有努力，都需要反映在、折射在师资队伍建设上。

众所周知，教师作为高等学府的重要人力资源，并没有充分进入"市场配置资源"的机制当中，而独立学院的属性和地位，决定了其对市场机制和人才流动社会条件的高度依赖。从凝聚人才，到稳住人才；从一般的提升人才水平，到培养人才形成特定的教学风格与特色；从让师资阵容符合学校规模的需要，到使师资队伍成为可持续的核心竞争力，步步都是挑战。独立学院需要创新，需要形成自己的特色，这些都需要克服短期行为和急功近利，遵循教育发展的基本规律，掌握先进的教育理念。

一 明确"争创一流"的战略意识，凝聚优势资源

独立学院教师队伍的建设，与学院战略目标的定位密切相关。独立学院的战略定位应当着眼于宏观的、动态的整个国家高等教育体系和社会需求环境，同时也应当着眼于所在地方发展格局与需要，并立足于独立学院的特点。在"体制性定位"或"资金性质定位"的基点上，也需要有前瞻性定位、特征性定位和拓展性定位。

独立学院的战略定位，需要充分考虑地域经济文化环境对高校的影响和高校的发展服务于地方经济、社会和文化发展的双向互动。独立学院的创办和发展，应当针对地方经济、社会和文化发展的实际需求，依托地方相关政策环境和资源条件，提高服务地方经济社会发展的水平，培养适应

地方经济建设与社会发展需要的应用型人才。在此基础上，将独立学院办成培养应用型、技能型人才的本科院校。

同时，独立学院也需要在基本战略定位的前提下，不断明确"争创一流"的意识。比如，办出水平，办出具有特色的品牌；遵循高等教育规律，以较高的教育水平和教育质量得到社会的认可；在培养服务地方经济的应用型人才过程中，能够为地方培养合格的专业人才，培养适应地方产业特别是战略新兴产业、高端服务业、现代制造业以及经济发展转型与提升所需要的专业人才。

孔子说："取乎其上，得乎其中；取乎其中，得乎其下；取乎其下，则无所得矣。"这条古训用在独立学院战略意识上也是比较恰当的。世界上有的大学像陈年老窖，愈久弥香；有的名牌高校逐年衰落；有的新兴高校后来居上，这些都折射了其战略定位和价值追求。像文章虽然需要妙笔，更需要立意，立意高远才能带动妙笔生花。一个高校的战略定位，首先就在师资水平上体现出来。中国抗日战争期间，地处昆明的西南联合大学，正是由于坚持高等学府的精神档次，汇集了一批著名专家、学者，高水平的师资力量使该校在极其艰苦的条件下办出了极高的水平，8年培养出大批杰出人才。

世界上无论长盛不衰的一流大学，还是后来居上的新兴大学，包括那些民办的、培养应用型人才的高等院校，都遵循着共同的、最基本的管理之道，那就是被奉为真经的一句名言："Recruit the best people and keep them happy"（招募顶尖的人才，并使他们乐此不疲）。对独立学院来说，需要招揽那些符合自身培养目标的专业人才，需要凝聚那些理论教学与实践操作俱佳的双师型人才，需要吸引那些既有丰富教学经验又能适应独立学院学生心理特征而精湛授课的人才。可以说，独立学院，就要追求独立学院的一流，就要建立自身的一流教师队伍。而"两个一流"又是互动的。优秀的人才，喜欢在优秀的阵容中寻求提升，学校的战略定位和精神档次，为优秀人才拓展了发展空间，搭建了价值实现的人生阶梯；而优秀的教师队伍本身就具有巨大的吸引力，并且将在独立学院完成战略目标、提升办学档次的过程中发挥不可替代的作用。

二　落实"以教学为中心"的理念，为教师创造优质环境

学术系统即教学科研，是高等学府发展的核心。实践证明，只有坚持以教学科研为核心，才能使独立学院成为具有强大生命力、沿着教育事业内在规律健康运行的教育实体。

有学者指出："以社会需求和政府干预为标志的外部作用力与以科学发展的内在逻辑尤其是以知识生产为标志的内部作用力，形成了高等教育管理学学科发展的两个维度，代表着既相互联系又相互博弈的两种张力，博弈的结果，将影响甚至决定高等教育管理学发展的价值取向。"[①] 相比之下，在高等教育的发展中，自组织系统中的内生变量如果淡化，将不利于高等教育的可持续发展。如果不能很好地坚持以学术系统为核心，在办学实际过程中特别容易滋长"官本位"的观念、"教师是打工族"的观念，使教师的积极性、心理期待、价值取向以及人格定位发生偏离和扭曲。这是独立学院发展、师资阵容建设中的大忌。

以教学科研为中心，不是一句空洞的口号，而是需要从制度、政策、管理措施到校风建设等各个环节中体现出来。实践证明：独立学院的发展，必须用先进理念来突破"制度性瓶颈"，从学校的迅速、健康、稳定、可持续发展的内在需要出发，确立以教学科研为核心的各项促进性、保障性、维护性机制。在这样的前提下，教师才能排除落后权力文化的束缚、排除复杂人际关系的干扰，沿着正确的价值实现的途径而成长；教师的精神创造力，才能真正朝着教学创新、教书育人、传道解惑的方向发挥。

三　遵循"人才兴校"的理念，为教师价值实现拓展通途

独立学院的创办和发展，所需要的内部和外部条件很多。资金、土地、政府的扶植、政策的支持、科学高效的管理、生源和就业环境……缺

---

① 张波：《问题与抉择：高等教育管理学发展中的反思》，《中国高教研究》2009 年第 7 期。

一不可。但是，如果着眼于突破瓶颈，着眼于形成核心竞争力，着眼于创建一流院校，就必须看到：优秀的师资团队才是最坚实的基础。没有这样的基础，内涵式发展和可持续发展，就只能是海市蜃楼。因此，独立学院必须以"人才兴校"作为基础性理念。所谓"人才兴校"，主要指的是有了大批优秀的教师，才能使学校振兴。清华大学老校长梅贻琦经典的名言"大学者，非大楼之谓也，乃大师之谓也"，精辟深刻地揭示了大学的真谛，也是任何一所高等学府的基本办学理念。然而，优秀教师队伍不仅仅靠引进，更在于培养。也就是说，高校不仅仅是培养学生的地方，也是培养教师的地方。当一个大学从宏观上、整体上实现了以教师成长带动学生成长、教师与学生双向的"教学相长"的时候，这个学校才真正升起了希望的曙光。

教师个体，本来是自我成长性很强的社会角色。但是，对独立学院来说，目前主要有两方面的干扰严重制约了教师的成长。一方面是社会上的浮躁之风，使许多教师难安心教学，难以坚持"板凳须坐十年冷"的人生选择和旨趣。另一方面是独立学院的总体社会评价，比如"非正式大学""三本院校""低人一等"等流行的观念，内化为许多教师的心理障碍。尊重人的价值，引导并创造条件，使教师能够以自我实现为追求，为教师的自我实现提供渠道、开创平台，就成为独立学院发展中极其重要的理念。可以说，树立并遵循这样的理念，是真正地为高校"铸魂"。

心理学大师罗杰斯把自我实现看成促使人生长和发展的最大内驱力，甚至是推动社会前进的真正动力，以自我实现作为教育事业的唯一目标。罗杰斯说："人应该是一个流动的过程，而非一成不变的实体；是一条奔腾不停的江河，而非坚硬的顽石；是潜能不断变化实现的集锦，而非若干固定特征的简单汇集。"[1] 另一位人本主义心理学大师马斯洛关于人的需要层次论，尤其是关于"自我实现"最高心理需求的精彩思想，为无数知识分子的精神追求提供了坐标和激励。本来，教育学的核心问题就应当把人的发展、人的价值实现放到优先、核心地位。对从事教育工

---

[1] 转引自〔美〕马斯洛等著《人的潜能和价值》，林方主编，华夏出版社，1987。

作的教师来说，有了价值实现的人生追求，才能将自己的时间、精力以至于全部身心和全部人生轨迹，都投入教育事业中来。而我们的学校，也需要将这种理念在各种制度、规范、措施、校风以及激励手段等各个环节中体现出来。当教师能够以价值实现为人生宗旨而自觉提升潜质、充分发挥潜力的时候，学校才真正实现了"以魂带形"，走上健康发展之路。

四 树立"管理就是服务"的理念，充分发挥教师的主导作用

在吉林大学珠海学院发展的历史上，我们不断总结经验教训，努力改变各级各部门主观决策，习惯于用行政命令和红头文件来实施管理的习惯；在用人机制上，不是靠"上级任命"，而是进行招聘和民主推荐、评选；在教学评估中，不是习惯于督导式、监控式"评估"，而是强调研究式、总结式、激励式、探讨式评价……所有这些，有利于调动教师积极性，激发教师队伍成长的蓬勃生机。管理就是服务，并非不需要监督、不需要纪律等，但是所有的制度性规定，都应当在有利于激励和保护教师的积极性、创造性的基点上。所有的政策、规定、措施的出台，都应当在调查研究、民主研讨、科学论证的基础上。同时，要从教师教学实践中的实际问题出发，从激活和保护教师的教学、研究、变革、创新以及充分发挥潜能、发挥自由创造精神出发，有利于形成教学改革发展的永恒动力，有利于形成崇尚学术、尊重研究、鼓励创新、保护自由的精神氛围。

管理者还应当充分意识到自己的言行举止是校风的重要构成，因而应当摈弃官僚作风，改变对学生、老师趾高气昂和不屑一顾的官场作风。洛克认为"美德是精神上的一种宝藏，但是使它们生出光彩的则是良好的礼仪"。① 服务式教学管理，关键在于把教学管理建立在教师与教师、教师与管理者充分沟通和合作的基础上，将对教师的尊重与热爱融入服务，形成管理者与教师、教师与学生之间互相尊重、互相欣赏、互相对

---

① 〔英〕约翰·洛克：《教育漫话》，傅任敢译，教育科学出版社，1999。

话的氛围。

总之，教师群体、专家教授，应当成为学校教育活动的主动脉、生力军、主导力量。学校的整体氛围，应当是有利于他们的学习、思考、研究、教学以及成长、提升的。对独立学院来说，如果教师队伍不能形成非常能动、优秀、实干的核心竞争力，如果教师不是教研规划的"主导神经"，不是教研探索的"主动脉"，不是教研工作创新和变革的"主发动机"，落入传统模式的俗套，就很难形成持续发展的后劲。因此，独立学院必须利用自己对传统模式依赖性较小的优势，更清醒地通过机制的改革创新，使各种管理决策和管理措施，都能够围绕着教师的教研工作需要而提供服务、提供保障、提供辅助、提供支撑，从而赢得学校稳定、迅速、持续发展的良性空间，使教师队伍充满生机、发挥潜力、不断成长。

五 秉持"多元兼容"的理念，实现教师阵容的高效整合

著名教育家蔡元培任北京大学校长时提出的"兼容并包，学术自由"，被实践证明是高等学府行之有效、十分重要的教育理念。梁漱溟任北大哲学讲师时仅有高中学历，后来成为著名的哲学大家；胡适到北大任教时没有博士学位，但日后成就斐然。胡适创办中国公学时尊请没有大学学历的沈从文做讲师，从此他迅速成为文学大家。"熊庆来慧眼辨罗庚；华罗庚睿目识景润"，在高教领域传为佳话……

今天，对独立学院来说，特别需要这种"多元兼容"的眼光、"海纳百川"的胸怀。从理论上讲，这样的理念是中外一切先进文化在人才观念上的集中体现和高度凝结。突破体制和观念上的束缚，是独立学院师资阵容建设紧迫而深刻的课题。地区问题、户籍问题、保险问题、学历问题、职称问题、资历问题、年龄问题、性别问题、"政策"问题等，一切外在条件都不应当成为识别人才、选拔人才、信任人才的现实障碍。对待教师，应当从教学水平、学生反映、课堂效果、课外互动等实际层面进行考察，从不同风格的教师身上发现优势、特征、潜质，使所有优秀教师得到重用，使教师所有优势和创新得到激励，使教师的奉献和付出得到肯定。

这样做，无疑增加了难度，比起用各种条条框框去"衡量"要复杂、艰辛，但是只有这样，才能真正地识别人才、发现人才、激励人才，从而真正实现"优胜劣汰"，而避免"逆向淘汰"。

学校的教学质量评估体系，是体现"多元兼容"理念的重要环节。教学不是机械操作，而是精神创造活动。所以，教学评估也需要秉持"多元兼容"的理念而向导向型、激励型、研讨型、沟通型转变。比如，罗杰斯指出："促进意义学习的关键乃是教师和学生关系的某些态度品质。"[1] 能够与学生成为朋友或在与学生关系上创新调整的教师，应当得到好评；教师对学生进行心理沟通的大量课外活动应当得到认可和激励。"教师是学生进行有意义学习和学习如何学习的促进者，也是学生形成学习动机、实现学习目标、学会如何适应变化和改革的促进者"。今天的高等学府，应当通过研讨和交流，推广各种教学创新的亮点，并千方百计使优秀教师得到认可和激励，避免"撒胡椒面"式或"轮流坐庄"式的"奖励"，避免名师阵容长期不能形成和令人痛心的人才外流。教学管理与教学评估，不能仅仅将眼光盯着课堂，还需要全方位关注鼓励教师加强教育教学研究和改革创新、鞭策教师与学生进行充分交流、激励教师编写适合独立学院教学需要的各类教材、支持教师开展各种社会咨询服务并为地方经济和社会发展出谋献策、促进教师多渠道与企业合作、引导教师在教学上不断创新等各个层面和各个环节，使高等教育的评价体系发挥按照先进教育理念引导学校精神提升的重要作用。

六　增强"改革创新"的理念，开拓教师队伍成长的制度文化

《国家中长期教育改革和发展规划纲要》明确指出，把提高质量作为教育改革发展的核心任务。教育部、财政部在"十二五"期间《高等学校本科教学质量与教学改革工程》（简称本科教学工程）实施意见中，强调深化教育教学改革，加大教学投入，全面提高高等教育质量。制度本身既是理念的载体，也是文化的构成。高等学府只有不断地制度创新，才能使

---

① 转引自车文博《人本主义心理学》，浙江教育出版社，2003。

优秀精神文化得到支撑和巩固，得到实现和传承。独立学院一般历史较短，本身就是改革创新的产物，尤其需要在"深化教育改革创新"的过程中开拓培育人才、凝聚人才、成就人才的路径。只有制度创新，才能使先进理念得到记载和落实。

建设"教师教学发展中心"，是提升教师教学能力与水平、提高教学质量的有效举措，使促进和保障教师成长性的结构性制度完善。哈佛大学、斯坦福大学、宾夕法尼亚大学、芝加哥大学、英属哥伦比亚大学的"教学中心"，卡耐基梅隆大学的"Eberly 教学卓越中心"，加州理工学院的"教师职员咨询中心"，慕尼黑大学的"LMU 教师教育中心"，大阪大学和荷兰莱顿大学的"教师发展中心"，牛津大学的"学习中心"，慕尼黑理工大学的"高级学习中心"，名古屋大学、华盛顿大学的"教育与发展研究中心"等，均为多年来深深嵌入高等学府的重要机构，已成为教师成长的摇篮，并且作为高校制度文化的重要构成发挥着能动的、多元的功能。

虽然教师教学发展中心的建设与完善，是借鉴国际著名大学的经验，与国际惯例接轨，中国许多高校也在努力尝试建立符合中国国情的同类机构，但对独立学院来说，将教师教学发展中心建成具有特色、发挥实际作用、具有辐射和带动功能的机构，依然面临着创新的挑战。

对年轻的独立学院来说，虽然具有依托本部资源的一定优势，但是在丰富课堂教学经验、能够针对学生学习心理特征进行教学、善于在教学方式方法上创新变革、教研结合并以科研带动教学、善于师生互动沟通等许多方面，教师还存在较大的成长空间。

独立学院建设教师教学发展中心，应当在现有基础上进一步整合相关资源，形成合力，促使教师培训制度化、规范化、专业化，为提升教师教学能力提供必要的组织保障。对新进教师、在职教师和研究生助教进行包括教学大纲、教学设计、备课与教案、教学方式方法、技能技巧、教育心理学、沟通能力等在内的培训，通过观摩教学、新老交流、教学研讨、学生评价等活动，并通过共性培训和个性辅导相结合的方式、专家观摩与会诊的方式等，为教师成长提供支撑。中心应掌握丰富的教学资源，提供经过筛选整合的，具有充分针对性的图书资源、期刊文献、教学软件、优秀视频与课件、精品课程资料、课堂演讲技巧再现材料等丰富实用的参照借鉴性资源服务。以教师自评、同事互评和学生评教等多元形式进行教学评价与评奖，并给予必要的总结、分析、引导，使教学评估机制和激励机制高效化、实效化、长效化。中心应具备高等教育研究的职能，对国内外先进教育理念、先进经验进行研究。中心应能够与教学、科研部门密切配合，有些学校的机构专门鼓励教师开展教学方面的研究，并给予奖励和支持，出版优秀教师录像带、介绍教学经验、专业教学书籍等，这些做法值得借鉴。

学校应对教师教学发展中心的发展从战略定位、宏观指导、保障性措施等方面给予指导和支持。同时，建设与完善教师教学发展中心是一项涉及面广的系统工程，需要相关管理部门的支持、协助与配合，需要教师的理解、关注和参与，从而使其长期持续发展与完善纳入制度文化之中，使其作用的发挥更为多元与能动。

制度建设贯穿在各个环节，通过不断探索与创新，使教师阵容不断成为学习型、成长型团队，使高等学府逐渐成为吸引人才、发展人才、提升人才的文化摇篮。

The Research of the Faculty's Growth in Independent College

Liu Zaiping

Abstract: The power of the development in independent college is multivariate, realistic and profound, but it is also faced with significant challenges. From absorbing talents to stabilizing talents; from improving the general level of talents to cultivating talents with specific teaching styles and characteristics so as to to equip teachers with the advanced educational concept to achieve sustainable competitiveness. It is necessary to clarify the strategy of "first – class" consciousness and condense advantage resources; to carry out the concept of "taking teaching as the center" and optimize the environment for teachers; to follow the concept of "talents thrive school" and extend ways for teachers to realize their value; to set up the concept of "management is service" and give full play to the teacher's leading role; to stick to the concept of "multiple compatible" and realize the efficient integration of the faculty; to strengthen the concept of "innovation" and to explore the system of teachers growth. And the construction of the "teacher's teaching development center" does not only adopt the advanced experience of foreign universities, but it also needs the innovation of independent college itself.

Key Words: Independent College; the Faculty; Talent Thriving School; Value Embodiment of Teacher; Multiple Compatible

珠江

ZHUJIANG WINDOW

视窗

以服务实体经济为宗旨的
创新金融体系探讨*

——基于对江门国家高新区的调研与思考

吉林大学珠海学院

江门国家级高新区金融创新课题研究组

【摘要】金融服务体系在经济发展和产业升级中越来越占有重要地位、发挥重要作用。广东省江门市国家级高新区的发展现状及实际需要表明：通过金融部门尤其是金融服务体系的改革创新，充分发挥金融为市场主体分散风险、开拓良好的市场环境和条件的功能；通过资本集聚和资源的优化配置，促进产业转型升级；通过发展科技金融，推动企业技术进步；通过搭建金融平台，支撑高新区在珠三角西岸经济中心地位的提升。为了进一步服务实体经济，在具体路径与措施上，需要改善高新区外部金融环境，利用江门的独特优势打造"侨乡"品牌，构建多层次、多元化、现代化的金融服务体系。

【关键词】金融创新　金融服务体系　侨乡品牌

一　金融服务创新的意义

金融是现代经济的核心，是现代产业体系的重要组成部分。随着我国经济社会的快速发展，金融部门为市场主体提供分散风险的市场环境和条

---

* 本文为吉林大学珠海学院国际贸易与金融系承担的"江门国家级高新区金融创新课题研究"项目的学术文本。

件，为整体经济有效配置资本资源、促进产业结构升级等功能日益显现。金融中心建设已成为国家参与经济全球化、掌握定价主动权的重要战略。而金融创新则是构建区域性金融中心核心竞争力的关键。2010年11月，国务院批复江门市高新区升级为国家级高新区，从国家层面赋予了其改革创新先行先试、携领区域经济发展、更广泛地参与粤港澳区域经济及金融合作的历史使命，高新区的金融服务业迎来了前所未有的发展机遇。依托高新区的良好基础和创新优势，探索出一套金融服务新模式具有重要的现实意义。

（一）实现资本集聚，促进高新区产业转型升级

综观金融服务和实体经济的关系，一方面体现为实体经济的集聚为金融服务拓展提供了承载空间；另一方面，金融服务业的发展又是实体经济集聚的内在动力，也是推动区域产业转型的启动器和神经中枢。大多数金融服务业集聚区属于需求拉动型金融中心，主要就是由于在其发展的初始阶段是作为区域实体经济的附属相伴而生的。因此，江门市高新区产业的转型升级就需要金融服务从两个方面来推进延展：一是通过金融服务创新，实现资本集聚，满足园区内产业发展的资本需求；二是通过进一步提升金融服务，推动第三产业发展，促进高新区产业转型升级。

（二）发展科技金融，推动高新区内企业技术进步

科学技术是第一生产力，金融是现代经济的血液，科技金融结合是科技与经济结合的重要切入点和突破口。江门高新区一直将促进科技、金融及产业的结合作为园区工作的重中之重。作为国家级高新技术产业园区，技术进步是区域经济发展、产业竞争优势形成的必要条件。而探索发展科技金融服务，就是通过减少信息成本、加快各种金融信息传递速度、扩大信息分布范围促进资本在区域间的流动，为吸引和应用域外科技成果开辟途径，从而减少科技成果转化的成本与阻滞因素，促进园区高新技术产业集聚与生产力的提高。

"科技金融"是促进科技开发、成果转化和高新技术产业发展的一系列金融工具、金融制度、金融政策与金融服务的系统性、创新性的安排，是由为科技创新活动提供金融资源的政府、企业、市场、社会中介机构等主体及其在科技创新融资过程中的行为活动共同组成的（如图1）。

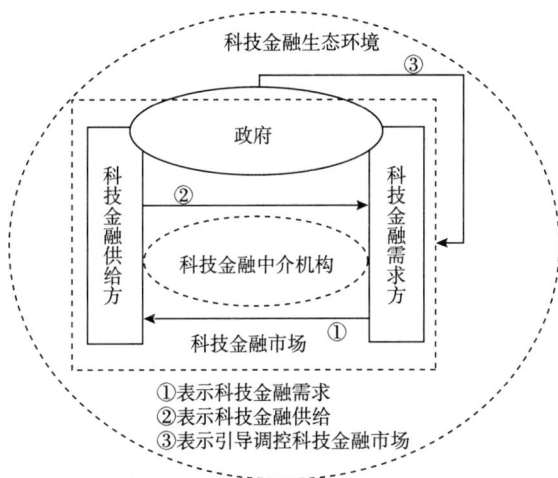

①表示科技金融需求
②表示科技金融供给
③表示引导调控科技金融市场

图1 科技金融生态环境

（三）创新金融机制，拓展高新区未来的发展空间

江门高新区第二产业发展展现了令人瞩目的成就，但随着土地等物理空间的制约和发展成本的上升，边际效益递减现象难以避免。在进一步推进高新区第二产业发展与转型的基础上，应该重点发展第三产业，并通过第三产业的发展形成和增强高新区自身的吸纳力和辐射力。金融业是第三产业中的高端产业，是经济发展的重要支持与推动力量，金融服务业发展所达到的水平和程度，在很大程度上决定了高新区的吸纳力与辐射力。因此，发展金融服务业应成为高新区创新发展空间的重要突破口。在高新区的建设和发展进程中，应当始终将金融服务业作为一个重点发展和扶植的产业。

（四）搭建金融平台，支撑高新区珠三角西岸经济中心地位

金融平台的搭建将直接作用于金融服务自身的产业集聚，并通过其对其他产业集群的带动与促进，进一步推动金融服务业自身的集聚与再造。通过搭建金融创新平台，高新区得以进一步引进金融机构，加强金融机构之间的协调和配合，扩大经营能力。而银行业内部可发展众多的合作项目和业务联系，建立诸如联合票据结算中心等高端金融后台服务体系；在商

业银行与其他非银行金融机构之间，以及各类非银行金融机构之间，则可开拓众多的跨专业业务合作关系，最终通过业务互补形成规模经济效益外溢。随着大批金融机构的集中和发展，为金融机构服务的相关辅助性产业或社会中介服务业也将因分享其外部规模经济的好处而得到迅速发展。同时，通过金融服务创新，也可以支撑和强化高新区的发展战略地位。

作为既有土地资源，又有战略地位，潜力巨大的江门，一方面可承接中山、顺德等地产业的溢出，另一方面则可以通过产业链协同，打造出创新型产业集群。因此出现广东"东看惠州，西看江门"的预测。着力于金融创新，则是高新区自我提升、告诉人们"江门可看、江门耐看"的重要举措。对珠三角而言，在广州和深圳发展区域金融中心的同时，正需要建立一个与港澳金融市场全面对接、与东南亚金融市场密切结合得更为国际化的金融交易平台。中国第一侨乡——江门具有发展金融产业以及建设金融创新先行区的特殊地缘优势。高新区通过合理规划布局引导金融创新，依靠国家级高新区的政策扶植，内借广东省政府、江门市政府之力，外联香港、澳门金融服务业市场优势，融入粤港澳金融合作试验区，致力把江门打造成珠江西岸的经济龙头。

二 江门市高新区金融服务创新的发展定位

1. 明确自身的战略地位，与周边地区协调发展

高新区在园区空间布局及产业布局上，应按照"布局合理、用地集约、产业集聚、功能配套"的原则，利用江门自身的优势与其他地区协调发展，为园区企业提供产业配套乃至金融配套服务。从 2009 年起，高新区在产业布局规划上日趋成熟，由原来的六大产业调整为现在的三大产业：绿色光源（LED）产业发展稳定，在全国具有领先优势；以光机电为主的精密制造业刚刚起步，若能为已经在建的广东南车轨道交通基地以及台山核电产业提供装备制造配套，今后在存量及增量方面将获得巨大发展；而这种发展将使对以现代物流为主的现代服务产业的需求陡增，高新区必须在金融服务体系上进行大胆创新，才能满足这种未来之需。如果创新得力，高新区将在新三板政策、微金融服务及中小企业上市培育上取得进

展，以高新区现有的一批储备项目如信义玻璃、奥伦德、银雨、德力西等，以及以温州商会为主的 103 个灯饰项目，亦将在未来几年陆续转化为有效产能的同时，为高新区乃至整个江门市带来巨大的增量资本，进而形成江门新的经济增长点。特别是在 2010 年江门高新区晋升为国家级高新区之后，作为先进生产力发展和先进技术产业化的重要引擎，高新区是新形势下提升产业竞争力和自主创新能力的主要载体。

国家级高新区具有示范、引领、辐射、创新带动经济发展的战略地位，所以应集中全市的力量发展江门高新区，借江门高新区的牌子及优惠政策（如新三板等），提升江门市其他园区如江门市火炬高新技术创业园的价值，发展总部经济及国家级创新型产业集群，打造绿色光源（新光源）及轨道装备（高端装备制造业）两个千亿级的国家创新型产业集群，争取国家、省、部对江门创新型产业集聚的大力支持，成为江门新经济增长的核心推动力量。

高新区位于江海区行政区域内，作为一级政府的江海区拥有健全的经济社会行政管理职能。在两区分立的体制下，江门高新区必须明确自身的战略地位与空间布局，采取一园多区或扩区的形式，而落实这一切的前提条件就是理顺与江海区之间关系。

2. 利用江门的独特优势，打造"侨乡"品牌

高新区应该充分利用"中国第一侨乡"的资源，努力打造符合华人华侨管理理念的投资环境，形成"华侨促发展、发展聚华侨"的良性循环，为侨乡更好地吸引侨力、侨智探索有效模式。2002 年，江门市委、市政府就发布了《关于进一步改善和优化投资环境加快吸引外资民资投资发展的决定》，但在高新区的企业中，涉外企业数量有限，而且高新区与这些企业的互融度尚有较大差距。无论是金融风险防范平台的搭建，还是 VC 与 PE 等金融资本的投资嫁接，如能够打造出"侨乡"的品牌特色，利用国家级高新区的优势，都将起到事半功倍的效果。纵观一些融侨开发区的成功经验，最重要的就是一系列"吸引侨资、利用侨智"的具体措施能够有效展开。无论是在加工贸易、土地管理、财政税收、外汇管理等方面的优惠政策，还是无偿代表、限时审批、跟踪督查等投资制度，抑或是园区的生产、物流、生活环境配套都已经非常成熟；甚至开发区的交通规划也充分考虑侨资企业的生产需求，并配备了一家专门从事进出口业务的翻译公司展开对开发区企业的配套服务。这些成功经验值得江门高新区在打造"侨乡"品牌时借鉴。

3. 促进高新区内部金融服务

（1）政府对龙头企业提供的金融服务：锦上添花。就高新区的企业规模来看，江门高新区迫切需要通过转型升级，打造规模大、实力强、科技含量高、创新能力强、产品附加值高、富有带动作用的龙头企业，形成以龙头企业带动产业链发展的局面。就金融服务而言，无论是政府开展的上市公司培育，还是知识、土地、资本"三本"结合的孵化基地建设，都与园区内的龙头企业以及龙头企业所起的作用息息相关。

表 1　江门市高新区年销售额前十名企业

单位：万元

企业名称	2010 年产值	行　　业
江门市荣信电路板有限公司	101251	电子行业
江门市建滔积层板有限公司	100872	电子行业
广东大冶摩托车技术有限公司	143065	机械制造
江门市恒健药业有限公司	27365	生物制药
江门市量子高科生物工程有限公司	14843	生物制药
江门市健威家具装饰有限公司	47241	家具制造
广东邦民制药厂有限公司	14686	生物制药
江门市建滔高科技有限公司	14108	电子行业
赫克力士化工（江门）有限公司	32932	化工制造
得实计算机外部设备有限公司	45092	电子行业

如表1，高新区内前十名企业之间需要加强合作，以形成产业链，带动二次招商的发展。高新区政府制定了《江门市高新技术产业开发区发展战略规划》《江门市高新区 LED 产业发展与招商规划》等优惠政策，一些扶植政策目前在全省乃至全国扶植力度都是最大的。同时针对国内 LED 外延片已产能过剩的局面，高新区政府也已转变思路，利用现有资源出台了针对 LED 中下游封装应用项目的优惠政策，加快扩大 LED 中下游的生产规模，使园区内 LED 行业能够不断地向产业链两端延伸。但 LED 产业毕

竟处于起步阶段，在企业数量、工业产值上与支柱产业尚有差距。拥有坚实产业基础的第一大产值光机电产业，也需要走出产品多数处于中低端的境况。因此，高新区政府要提供针对性强的金融服务：第一，要提供具体政策鼓励企业进行改制，通过进入代办股份转让系统，推进"新三板"工作的开展，做好企业的上市培育；第二，针对高新区 LED 产业问题，政府要利用其已经形成一定规模的上中下游产业链，通过龙头企业的配合，搭建"微金融服务"平台来解决小微企业（尤其是为龙头企业提供配套产品的企业）融资难、贷款难的问题；第三，针对光机电产业，作为国家级高新区，政府要立足"科技金融"思想，研究科技与金融结合的有效机制，完善多层次资本市场服务体系，开展科技金融创新试点，提升科技金融服务能力。

（2）政府对中小微企业提供的金融服务：雪中送炭。高新区中小微企业所占比例在 69.1% 左右，普遍存在用工难和融资难两大问题。政府金融服务创新模式的一个重要着力点，就是针对中小微企业展开的相关平台搭建。一是为不同发展阶段的中小企业提供所需的融资服务，提供天使基金、风险投资、政府产业投资、债权融资、上市融资、融资顾问、上市培育等多种方式结合的金融服务，满足园区企业在种子期、成长期、发展期和成熟期等不同成长阶段所不同融资方式的需求，促进金融与产业的结合。二是通过搭建"微金融服务"平台，建立中小企业融资帮扶机制，制定涉及中小企业政府贴息贷款、中小企业信用担保体系建设等方面的扶植政策，引导银行金融机构增加对中小企业出口信贷的投放，推进小额贷款保证保险试点工作展开。三是通过加强现有的 6 家科技企业孵化器建设，新建 1～2 家孵化器，实现知识、土地、资本"三本"结合的孵化基地建设，提升中小微企业自主创新能力。

三　江门市高新区政府金融服务创新的职能目标

1. 构建多层次、多元化的现代化金融服务体系

所谓"多层次"，首先包括政府牵头出台政策，鼓励银行提升传统的金融服务，利用多种信贷工具加大对光机电制造业、现代服务业等企业的

信贷投放，扶植设立中小企业信贷专营机构，积极创新金融产品，完善担保机制，探索设立小微企业融资平台、金融风险防范平台以及企业征信评级系统，形成更加市场化的金融风险分担机制。

其次，要求高新区政府紧盯中小板，利用"新三板"，按照"做强一批、上市一批、申报一批、培育一批"的思路，加大政策扶植力度，对企业直接融资进行引导，建立健全推动企业上市的规章制度，完善相应的配套措施，构建企业上市"绿色通道"，营造企业上市发展良好环境，与科技金融紧密结合，推进高新区"新三板"试点工作的展开，大力扶植 LED 科技型企业上市融资，发挥"新三板"的融资和储备上市企业资源的功能。

最后，政府应以创新性角度推进保险业在保险产品、销售和管理上的创新，打造完整的保险产业服务链，探索设立保险电子商务交易平台，引导保险资金投资高新区支柱产业项目和重大基础设施建设项目，支持保险公司通过投资股权、债权方式参与高新技术产业创新发展，推广出口信用保险和海外投资保险，建立海外风险预警救助体系，提高外向型企业应对外贸风险和境外投资风险的能力。

所谓"多元化"，一方面要求政府营造良好环境，支持光大银行、中信银行、江门市顺盈融资担保公司、江门市益丞小额贷款公司、江门市江海区汇通小额贷款股份公司等法人金融机构开展金融创新，同时制定落实扶植政策，加大金融招商力度，吸引一批中外资法人金融机构进驻高新区。另一方面要求政府出台政策，加快设立新型金融机构，发展小额贷款公司和信托公司，满足中小微企业资金需求，鼓励银行开展与科技创新相关的业务，为高新技术产业提供专业化的金融服务；规范发展融资性担保机构，积极培育具有市场公信力和影响力的信用评级机构，健全融资性担保监管体系，支持民间资本有序参与融资担保行业发展，支持外资参与设立融资性担保公司；推动各类保险专业中介机构，投资咨询服务机构以及会计、审计、律师、资产评估等中介机构加快发展，为金融业发展提供配套服务。

此外，从高新区一直倡导的"科技金融"角度出发，高新区政府可以从科技金融投资和科技金融服务两方面构建科技金融服务体系。科技金融投资主要包括产业引导基金、PE 基金、VC 基金和天使基金；科技金融服务体系主要包括股权交易服务、科技贷款、融资担保、证券上市辅导等，对于初创科技型中小企业，还可以大力推进知识产权抵押的融资工作，这些措施最终的目的在于为园区企业提供现代化的金融服务。

2. 优化金融生态环境

（1）优化社会经济运行的信用环境。建立健全金融评信体系，完善评信信息采集和披露制度，构建企业征信评级系统，提高评信业务监管水平。加快信用中介服务体系建设，培育和发展种类齐全、功能互补、规范经营、具有市场公信力的信用评估机构，提高评信服务水平，促进良好社会信用环境的形成。

（2）优化金融安全运行保障环境。建立政府部门、司法机关与金融调控和监管部门间维护金融安全稳定的长效机制，加强信息沟通，形成工作合力，提高金融风险监测、预警和处置工作效能，构建金融安全立体防护网，有效防范与化解金融风险，确保金融安全和稳定。建立金融风险防范平台与预警系统，加强对小额贷款公司、融资性担保机构的非现场和现场监管。加强金融债权保护，建立司法部门和政府职能部门、金融调控和监管部门的债务人财产协查机制，加大金融案件执法力度，遏制逃废金融企业债务行为，维护金融企业权益。加大宣传力度，引导市民和企业提高金融安全意识。

（3）营造良好的金融文化环境。全面加强金融文化建设，提升金融文化软实力。建立健全新闻媒体及网络舆情引导机制，组织推进高新区金融服务建设宣传活动，大力宣传金融在现代经济发展中的核心作用，扩大高新区的"LED项目""光机电产业""中国侨乡"等品牌影响，向全社会宣传普及金融知识。开通银企沟通的服务平台，定期举行金融服务培训及新型金融产品推广。组织高新区内企业牵手科研机构和相关单位，宣传推广"新三板"政策和企业上市培育工作。

（4）建立有效的人才激励机制。根据《关于加快建设广东省战略性新兴产业（江门绿色光源）基地暂行优惠办法》及《补充规定》，尽快落实专项资金用于人才引进。强化校企合作、产学研联盟，加强与国内外著名高校和研究机构金融团队的合作，开展金融前沿理论研究与创新。建立金融人才资源库，发挥人才中介对金融人力资源配置的积极作用，完善金融人才引进政策，鼓励金融机构引进各类高层次金融人才；优化金融人才激励机制，实施金融人才奖励计划，为高端金融人才落户、科研、创业提供便利。

就人才引进及激励机制而言，高新区应尽早出台相应的具体措施。在相关具体实施办法细则上，可以借鉴国内高新区的成功经验。比如上海张江高新区管委会大胆尝试，不仅设立了每年1500万元的"张江创新人才奖励资金"帮助企业吸引留住骨干人才，而且设立"代持股专项资金"，开展针对组织、个人的股权激励；建造限价商品房，定向配售给核心人才；整合教育资源，满足子女入学需要等，这一系列措施取得巨大成效。江门高新区可以根据自己的实际情况，出台具体奖励政策，并颁布人才选拔标准，设立评选机构，并配有相应的监督管理、奖惩办法，最终形成一套完善的人才吸引激励长效机制。

四　构筑江门高新区金融服务创新平台

1. 构筑江门高新区金融服务创新平台的内涵

这里的金融服务是指金融机构通过开展业务活动为客户提供包括融资、投资、储蓄、信贷、结算、证券买卖、商业保险和金融信息咨询等多方面的服务。构筑江门高新区金融服务平台就是江门高新区管委会发挥政府的力量，运用市场的手段出面对辖区内外金融资源进行整合，使其投入最少，效益最大。就"创新"而言，一是其范围锁定在江门高新区，不包括其他城市和地区；二是指国内或省内其他城市（高新区）已经运作实施的金融服务内容，而江门高新区没有或没有实践的金融服务内容；三是指国内或省内其他城市（高新区）没有实践，但是符合经济发展规律的金融服务内容；四是所有建议、设想、方案、思路都在现有国家法律、规定、政策框架以内；五是所有建议、设想、方案、思路既考虑了江门高新区现实的发展需要，又顾及了江门高新区未来的发展空间；六是通过头脑风暴，将建设性方案、思路变成实在的项目落地在江门高新区。

2. 江门高新区金融服务平台创新的原则

第一，高新区管委会引导，多元支持市场运作原则。充分调动银行、风投机构、证券公司、担保公司、行业协会、高科技园区、中介机构以及企业等各方面的积极性，参与平台整合与建设。高新区金融服务平台的运行虽然离不开管委会的行政协调，但其运行的主体应该让位于企业，各类金融服务的交易应坚持市场原则。高新区管委会在适当的政策引导基础上，尽量减少行政对市场的干预力度，以提高金融服务平台的运行效率。

第二，突出共享，制度先行原则。高新区金融服务平台构建的核心是实现资源的共享，打破各类金融资源及各种金融手段的条块分割现状。提高社会存量和增量资本的利用效率。因此，高新区金融服务平台的构建要以资源共享为核心，打破资源分散、封闭和垄断的状况，积极探索新的管理体制和运行机制；加快推进制定和修改有关法律、法规、规章和标准，理顺各种关系；积极探索社会资本协作共享的激励机制和良性发展的运行机制，形成资源共享、互联互动的有效机制。

第三，分阶段支持原则。按照"小步快跑"的原则，针对高新区科技型中小企业在种子期、初创期、成长期和成熟期等不同成长阶段所对应的不同层次、不同功能的融资需求。充分发挥政府的引导作用和市场的纽带功能，通过债权融资、股权融资、上市融资等多种方式，构建"江门高新区科技型企业梯形融资模式"，以便有效地破解科技型企业融资难题。"梯形融资模式"以提供量体裁衣的融资服务区别于传统单一的融资模式，是一种随科技型企业的发展而动态适配的政府引导、民间资金积极参与的社会化投融资解决方案，是一次重要的体制机制创新。该模式不仅适用于科技型企业，也可广泛应用于一般中小企业融资问题。

3. 创新平台建设的功能定位

第一，金融创新平台的投融资服务功能。金融创新平台利用高新区管委会与金融机构的密切合作关系，按照国家制定的有关高新区企业的政策，深入了解江门高新区企业的资信状况、赢利能力、技术水平、市场前景和发展潜力等方面的情况。寻找优质的科技企业和科技创新项目，及时推荐给投融资机构和金融中介机构。投融资机构和金融机构通过平台将金融业务品种介绍给企业。并根据高新区企业的需求，拓展金融创新服务，提供存款、贷款、结算、担保、股权投资、融资顾问等方面的服务，通过金融创新平台的服务功能，实现资金需求方和供给方的"无缝对接"。

第二，金融创新平台的引导与催化功能。金融创新平台中的风险投资基金、中小企业担保机构和小额贷款机构优先选择江门高新区内的高新技术企业。充分运用自有资金，通过参股、贷款、担保等方式支持高科技成长型企业。金融创新平台特别注重有针对性地在高科技企业初创期和发展期给予资助，强化"天使投资"角色。体现金融创新平台的引导功能。同时通过平台投融资的放大和拉动效应。使有限的金融投入发挥显著的杠杆作用，以激活更多的社会资本、民营资本进入江门高新区。

第三，金融创新平台的综合服务功能。高新区金融服务平台聚集了银行、证券、保险、基金、信托等各类金融机构，有利于为企业提供全面、综合的金融服务，同时有助于金融机构之间业务的合作和综合化发展。尽管中国金融业仍然延续着分业经营的模式，但银行、证券、保险机构之间的交叉持股和业务合作已经启动，与国际经营模式接轨已是大势所趋。高新区金融服务平台可以通过自身的聚集效应推动中国金融业的综合化经营，为高新技术企业提供综合化金融服务。

4. 完善金融服务创新平台的体系建设

（1）成立江门高新区"中小企业金融管理服务中心"。搭建高新区金融平台，涉及的部门多、情况复杂、协调量大，有些问题涉及现行的体制和机制，触及有些部门的利益，操作难度大，单纯的企业运作效果不好。因此，我们建议江门高新区走"政府搭台，企业唱戏"之路。首先，高新区管委会在申请市一级指挥权的基础上，由管委会主要领导挂帅，成立管委会"中小企业金融管理服务中心"，负责有关金融服务创新平台政策的制定、相互关系的协调、决策执行情况的监督；其次，"金融管理服务中心"应是常设机构，配备专业人才操作；最后，以"中小企业金融管理服务中心"为基础，由企业为主导建立相应的分业服务顾问机构。

（2）加大引进金融机构力度。一是高新区管委会制定引银入区的策略，进一步加大政策支持力度，并落实各项优惠政策。建立和完善多形式激励机制及税收优惠制度，对金融机构的引进给予政策奖励。同时，结合招商引资政策，制定金融业考核评价的指标体系，在土地使用等方面提供资金支持。二是建立金融机构发展的专项资金，为金融机构的入驻提供支持，大力鼓励区外的金融机构和外资金融机构到江门高新区开设办事处或营业性分支机构，完善高新区的金融体系，增强吸引国际资本市场资金的功能。三是通过"中国第一侨乡"平台，提升国内外金融机构负责人对江门高新区金融良好发展前景的认知度，吸引更多国内外金融机构进入高新区。四是加强与发达地区的交流与合作，吸引更多的外省金融机构前来开设分支机构。

（3）发展金融中介服务机构。一是出台相应的发展规划和优惠扶植政策，使国内知名的信托、证券投资咨询、保险经纪、专业理财服务等机构落户高新区；二是本着循序渐进的原则，根据需要建设自己的投资咨询、资信评级、信用担保和资产评估等中介服务机构；三是在条件成熟后，高新区可以组建各种类型的产业技术联盟，如投资联盟、行业联盟及产业链担保联盟等，在加强政府与企业沟通的同时，赋予企业产业联盟更多的实际功能，在高新区内搭建起一个创业者与投资家、技术与资本有效联系的平台；四是按照高新区企业的生命周期，建立会计审计、法律服务等各类公益性辅导和培育中介机构，包括通过政府购买等方式，提高高新区企业中介机构服务能力，减少高新区企业经营成本，提高高新区企业经营管理透明度和规范性。

（4）加速人才的引进，建设一支强有力的金融队伍。通过制定相关优惠政策，组织专家进行金融知识讲座；组织高新区企业积极参加各种有关金融问题的培训班、研讨会，加快金融人才的引进和培养。

（5）扩大宣传，提高银企对接效果。积极开展以项目融资发布会和洽谈会方式为主的银企融资平台建设，解决企业"融资难"和银行"难贷款"的两难局面，高新区管委会为组织者，定期或不定期地集中召开由高新区内的银行和企业参加的项目融资发布会和项目融资洽谈会，为银企合作搭建融资平台。

（6）建立完善的服务保障体系。一是为解决资本增加融资难、固定资产投融资难、流动资金融资难等问题，需要继续完善小额贷款公司、村镇银行等间接融资主体，还要积极探索构建包括 PE/VC（私募股权基金/风险资金），中小板、创业板以及新三板的直接融资体系，积极引导小微企业开展股权融资，不断拓宽小微企业直接和间接融资渠道；二是在财政和税收方面对高新区企业的发展和融资予以更多政策支持。设立高新区企业发展基金，不仅为高新区企业的产品开发和新技术应用提供贴息和风险补偿，还应该利用政府资金作为种子，引导 PE 股权基金投入，共同设立对中小企业直投的产业基金；鼓励银行开展高新区企业金融创新和服务，并对成绩突出的金融机构给予奖励；酌情减免高新区企业税收，减免金融机构高新区贷款利息所得，降低高新区企业和金融机构经营成本和税赋负担；允许金融机构税前扣除高新区企业不良贷款，对不良贷款高于1%但不超过5%部分，政府按一定比例分担不良贷款损失；建立高新区企业贷款风险补偿机制，用于专项核销高新区企业不良贷款。

五　江门高新区金融服务平台创新内容及模型

1. 管理体制创新

构建银企对接平台、消除信息不对称，建立与企业融资相匹配的服务平台，是解决高新区企业融资难的重要途径。为探索建立专业化的具有江门高新区特点的金融服务创新平台，一是引进或成立专门机构，搭建高新区企业信用征信平台。加快整合企业和个人信用信息以及企业往来信用记录，以人民银行征信系统为基础，整合司法、政法、工商、税务、海关、环保、质检，以及水、电、煤缴费信息，将其全部纳入高新区企业征信体系，依法披露企业和业主等个人信用记录，实现高新区企业信用管理监督的社会化和专业化，提高借款人违约成本；设立独立的高新区企业评级机构，努力消除信息不对称、信贷交易成本过高等问题。二是建立和完善高新区企业信贷担保机制。努力发展和完善以政策性担保为主的多种形式的信贷担保机构，成立专门为高新区企业提供信贷担保的担保机构，为高新区企业技术开发、产品研制、设备更新、产品出口等生产经营活动提供融资担保。三是利用江门"中国第一侨乡"的名片，加大引进外资银行的力度。

2. 管理技术创新

为改变科技企业缺乏正规的财务报表、财务管理不健全、抵御风险能力差、抵押物不足等状况，金融机构要突破传统以企业财务报表分析、抵押物为重点的管理方式，转变为对高新区科技企业"三表"（电表、水表、工资表或海关税务报表）等现金流管理为重点、以"三品"（人品、产品、押品）等企业综合素质为基础的信贷管理模式，通过参加"三会"（商业或行业协会、政府及各部门组织的银企座谈会、企业内部高管经营分析会或银企高管工作对接会）和"三鉴"［鉴人（负责人）、鉴地（营业场所）、鉴钱（现金流）］，注重收集和加强对企业各种"软实力"的分析和评估，筛选出符合金融机构市场定位的优质客户，把信贷支持重点放在行业前景好、发展空间大、现金回流稳定、赢利持续增长，且风险可控、信誉良好的优质科技企业，把好准入关，以获取最大的社会效益和经济效益。同时，下放小科技业贷款审批权限，建立专职审批人制度，尽可能简化贷款审批程序和审批环节，使科技企业贷款需求在高新区内就可解决，适应科技企业"短、频、快"的融资服务需求。

3. 融资产品创新

高新区科技企业融资具有"短、小、频、急"的特点，科技企业贷款难，难在难以提供符合金融机构需要的合法有效的抵质押担保。针对这些特点，金融机构结合科技企业所在产业链、生意圈，在风险可控的前提下，充分考虑流动性、便利性和可获得性进行产品的研发，创新科技企业担保方式，破解高新区企业融资难题。如根据企业管理人员的资信状况，推出高新区企业管理人员和主要股东连带责任担保贷款；根据企业产业链的紧密程度，推出高新区企业联保贷款、定单质押贷款和应收账款质押款；根据企业用款频率和押品状况，推出流动资金最高限额循环贷款、最高额抵质押贷款；根据企业产品情况，推出产成品浮动抵押贷款；对高新技术企业及文化企业，探索以专利权、著作权等知识产权质押贷款，以及探索其他各种权利质押方式，实现高新区企业金融服务套餐化、服务产品系列化和标准化，对高新区企业进行综合支持，最大限度地满足高新区企业多层次、多元化的资金需求。同时要优化不同结构高新区企业的融资结构，根据企业的不同生命周期和产业链中的不同地位和环节，由不同的金融机构或融资产品来承担。

4. 服务方式创新

一是发挥金融机构信息平台作用，为小微企业收集和提供产、供、销以及原材料采购等市场信息，积极协助企业做好各项生产经营活动，减少生产经营活动的盲目性。二是为企业提供财务咨询服务。小微企业普遍缺乏合格的财务人员和健全的金融创新财务管理制度，而金融机构在这方面的优势正好弥补了不足，各县级农合机构充分利用这一优势，为小微企业编制财务报表和财务规划、培训财务人员、进行税务申报等服务项目，成为小微企业的成长伙伴。三是发挥金融桥梁纽带作用。发挥金融机构在小微企业上下游、产业链、服务圈中的连接作用，为小企业在资金融通、结算汇兑、应收账款管理等方面提供优质、快捷和高效的服务。四是通过小企业联合征信方式，推广小企业联保贷款，使小微企业"抱团取暖"，提高小微企业融资能力，拓宽小微企业融资渠道。

六　拓宽高新区企业发展的融资渠道

1. 争取银行体系融资的政策突破

银行贷款是中小企业的首选融资渠道，但企业相关信息不对称，中小企业自身实力弱、缺乏有效抵押，国内信用管理体系和担保体制又不完善，多重因素使成功获得贷款的中小企业少之又少。解决这个问题首先是要大力发展国内金融体系，完善信用担保体制，鼓励国有大型商业银行对中小企业发放贷款，或者直接由国家出面成立中小企业政策性银行。但更为重要的是，我们要进行金融体系改革，积极引入民间资本，发展多重金融体系，成立商业性中小型金融机构，走中小企业融资的专业化之路。从需求前景看，中小企业的发展已经形成了巨大的小型金融服务市场，迫切需要社会地位与之对等的中小型金融机构为之服务。因此，建立和完善与中小企业相适应的多层次、多元化和多种所有制形式的中小型金融机构体系是我国未来经济发展的必然趋势。一是推动高新区企业产业转型和结构优化升级扶优限劣，优化产业结构和转变发展方式，规划和引导金融机构，提高高新区企业的自主创新能力，坚持企业深化改革，完善经营体制机制，优化管理方式，建立健全科学的管理制度和规范透明的财务制度，提高高新区企业的综合素质和信用能力。对不同发展阶段和不同行业的高新区企业采取差异化扶植政策，重点扶植符合本行业战略定位、市场定位和服务定位的小微企业；重点扶植创新型、高科技型高新区企业。二是在不良贷款考核方面，允许高新区企业贷款不良率适当高于其他贷款；在准备金和再贷款方面，对设立高新区企业专营机构并单独考核的机构，出台差别化的准备金政策；借鉴支农再贷款方式，建立支持高新区企业再贷款政策，弥补高新区企业资金不足；高新区企业贷款规模单独考核，不列入总的规模；资本充足率允许适用75%或更低的优惠风险权重计算等，以促进金融机构高新区企业贷款业务的可持续健康发展。

2. 建立资本市场多层次融资渠道

中国多层次资本市场体系由主板、中小板、创业板与场外市场构成，作为中国多层次资本市场体系的重要组成部分，中小板吸收的是比较成熟的中小企业，而创业板目标定位于成长型创业企业，重点支持具有自主创新能力的中小企业，尤其是成长性非常好的高科技企业。2009年10月，我国的创业板市场正式推出，这妥善解决了我国私募股权基金和风险投资基金的退出问题，同时也为众多中小企业开拓了一条融资的新渠道。相对于现有的主板市场，中小企业创业板市场的上市标准相对较低，具有一定的独立性，可以帮助中小企业特别是高新技术企业迅速筹集资金，拓宽发展空间，是解决资金问题的一个绝佳途径。此外，发展前景良好的优质中小企业还可以选择去香港创业板上市，甚至去美国和欧洲的创业板市场，在国际市场进行融资。这方面成功的例子已有很多，大大拓宽了中小企业的融资视野。海外金融市场较为成熟，企业上市风险小，并且有助于上市公司扩大在当地的影响，开拓本地市场，因此海外资本市场融资也是一条可行的新路。

3. 利用风险投资（VC）融资扶植小微企业发展

风险投资是一种新兴的高级形式的融资方式，是一种投资于极具发展潜力的高成长性风险企业并为之提供经营管理服务的权益资本。风险投资主要致力于对创业企业尤其是科技型中小企业提供资本支持和资本经营服务，当企业发育到相对成熟时就退出投资，实现增值后继续进入下一个项目。风险投资具有高风险、高收益的特点，具有许多不可比拟的优势。风险投资属于股权性融资，融资成本低，而且在解决中小企业资金问题的同时，还可以输入经营管理经验，帮助中小企业实现专家型管理，从而促进其管理的现代化。可行的退出机制是风险投资成功的关键，我国的创业板市场已经正式推出，这对我国风险投资的发展将起到很大的推动作用。此外，天使投资也是一种新的融资形式。天使投资是指由社会上富有的个人直接对有发展前途的、处于种子期或者初创期的中小型创业企业进行权益资本投入，属于直接民间投资。

4. 引入私募股权（PE）基金为企业腾飞助力

私募股权基金一般是指从事私人股权投资的基金。按照国际机构的定义，私人股权投资是指通过私募基金形式对非上市企业进行的权益性投资，在交易实施过程中附带考虑了将来的退出机制，即通过上市、并购或管理层回购等方式，出售权益股份获利。私募股权基金是一种非常成熟规范的商业运作方式，不仅可以为中小企业提供大量成长所需的资金，而且对改善企业治理结构和管理水平很有帮助。私募股权融资门槛低、手续简便，风险和成本都要小很多。另外，根据企业发展状况，投资方还可以提供后续的资金和技术支持，这对一些高科技企业而言尤其重要。随着国内发展私募股权投资的需求和条件逐步具备，私募股权融资将进入快速发展阶段。

5. 拓宽民间融资渠道

民间金融泛指非金融机构的自然人、企业及其他经济主体之间以货币资金为标的的价值及本息还付。其活动与正规金融机构开展的金融业务仅是交易场所的不同，在正规金融机构之外进行，被归为非正规金融形式。非正规金融形式有自由民间借贷、企业集资、企业间借贷、民间票据贴现、轮会、钱庄以及各种基金会等。非正规金融在收集关于中小企业的资信信息及满足企业需求方面具有天然优势，操作手续简易、形式灵活，利率、期限等事项可自由协商，担保、交易成本等方面的优势是其特色。虽然非正规金融目前非常不完善，但应该积极进行正面的引导，促进其健康发展，合理、合法、公开地发挥作用，从而更好地为中小企业融资服务。

6. 通过提升传统金融服务水平，拓展新的融资渠道

以传统加工制造业为主的江门高新区，企业利用传统金融服务的能力普遍较低，这与我们对我国金融机构提供的传统的金融服务认识不够有很大关系。高新区政府应该加大对企业与金融租赁、票据融资、典当融资以及贸易融资、资产支持商业票据、应收账款抵押贷款、担保贷款等新老融资方式的对接引导工作。同时，也可以引导企业利用外资合伙制政府产业基金，拓展新的融资渠道。

综上所述，江门国家级高新区依靠其区位与人文优势完全有条件，也应该能成为西江经济走廊的龙头，依托于高新区的行政改革与金融创新，一个具有侨乡特色的国家级高新区必将以新的姿态发挥更为巨大的引领作用。

A Study on the Innovative Financial System for the Purpose of Serving the Entity Economy

——Based on the Research and Reflection on Hi – Tech Zone in Jiang Men City

Research Group

Abstract：Financial service system plays an increasingly important role in the economic development and industrial upgrading. The development status and actual needs of the State – level High – tech Zone in Jiangmen City, Guangdong Province displays the fact that only through reform and innovation of financial sectors, especially the financial service system can Finance plays its full role in diversifying risks, creating favorable market environment and conditions for the market entity. It is of great significance to promote industrial transformation and upgrading through capital accumulation and the optimized allocation of capital resources, to promote technology progress of enterprises through the development of science and technology as well as finance, and to support the promotion of the position of the High – tech Zone in the economic center in the west bank of the Pearl River Delta through constructing financial platform. In order to further serve the real economy, it is necessary to improve the external financial environment of the High – tech Zone, to make use of the unique advantages of Jiangmen City to build the brand of "Hometown of Overseas Chinese" and to set up a multi – level, diversified and modern financial service system.

key words：financial innovation；financial service system；overseas Chinese brand

珠海市城市国际化研究[*]

许世立　涂　正[**]

【摘要】 城市国际化是当代城市发展的一大趋势，处在城市国际化浪潮交汇线上的珠海正面临着交通大变革、经济大发展、社会大改观的黄金机遇期，城市国际化也不可回避地摆在了珠海面前。珠海需要深化认识城市国际化的内涵、城市国际化的评价指标、在明确珠海市城市国际化的必要性与可行性的基础上，探讨珠海城市国际化的路径。优化经济布局、调整产业结构、强化国际化体制架构、凝聚国际化人才、优化环境、打造国际化形象等，是紧迫而现实的任务。

【关键词】 珠海　城市国际化　可行性　路径

一　引言

城市国际化是当代城市发展的一大趋势。当下，中国许多城市已经掀起轰轰烈烈的城市国际化浪潮。而珠海也正面临着交通大变革、经济大发展、社会大改观的黄金机遇期，城市国际化也不可回避地摆在了珠海面前。珠海为什么要实行城市国际化、能否实行城市国际化以及如何实行城市国际化，对此，本课题试图予以解答。

---

[*] 本文是珠海市社科"十二五"规划 2013 年度社科规划课题（立项编号：201347）阶段性研究成果。课题组成员有许世立、李仁顺、涂正、梁明玉、崔京玉。

[**] 许世立，吉林大学珠海学院院长助理、韩国学研究所所长，教授；涂正，中共珠海市委组织部干部。

二　城市国际化的概念理解

国内大部分学者都将城市国际化作为一种过程来理解，认为城市国际化是一座城市的文化、物质、能量、信息及人员与国际上其他国家之间交流逐步增强，并在功能整体上或某个方面与世界联系不断密切的过程。不仅包括经济国际化，而且包括社会、文化、政治的国际化，其中经济国际化是核心内容。城市国际化指标基本可以分为现代化指标和国际化指标两大类：现代化指标从城市基础设施、经济发展水平、人口素质、生态环境等方面来表征城市的发展水平；国际化指标从经济国际化、社会国际化等方面来衡量城市的对外交往水平。

需要注意的是，城市国际化与国际城市是两个不同的概念。城市国际化是一种城市发展过程，而国际城市是一种城市发展形态。一座城市可以实施国际化战略，走国际化道路，但这并不意味着这座城市就一定能成为国际城市。

三　珠海市城市国际化的必要性

在市场经济和对外开放的条件下，站在城市发展的十字路口，珠海选择城市国际化有其必要性。

实行城市国际化是珠海适应全球竞争、突破区域和国际竞争的战略选择。进入后金融危机时期，经济全球化的态势更加迅猛，城市区域间和国际间的竞争更加激烈。以全球化的视野来思考、运筹和把握，大力实施国际化战略，加快城市国际化进程，有利于优化配置国际资源，有效提升国际竞争实力，从而赢得发展的新机遇、新优势。

实行城市国际化是珠海转变发展方式、提升城市品质和竞争力的重要途径。只有坚持以开放促转变，才能更好地明确"转"的方向、汇聚"转"的资源、形成"转"的动力；只有以国际视野来规划城市，用国际标准来建设城市，按国际惯例来管理城市，才能更有效地提升城市的产业品质、环境品质和人文品质，从而提升城市的综合竞争力，让人民群众共享城市建设发展成果。

实行城市国际化是珠海在总结 30 年发展经验的基础上，深化改革开放的必由之路。作为中国最早对外开放的经济特区之一，经过 30 年的砥砺发展，珠海在政治、经济、社会等各方面均取得巨大成就。但与同在珠三角的广州、深圳等大城市，乃至东莞、中山等周边城市相比较，珠海经济总量偏小（2009 年珠海的经济总量才进入"千亿元俱乐部"行列，在珠三角 9 市位居次末位)①、交通掣肘严重、现代产业基础薄弱。正是基于这样的严峻形势，近年来，珠海不断深化改革开放，大力实施"蓝色珠海，科学崛起"战略，着力突破交通瓶颈，积极谋划以横琴新区、高栏港区、高新区为"三大引擎"，打造"三高一特"现代产业体系，积极推动科技强市、教育强市、人才强市，打造环境友好、生态宜居城市，积极创建"法制化、国际化的营商环境"，在"主动承接港澳""提升外向型经济""参与全球经济中高端竞争"的同时，又做到"环境宜居与欧美先进国家相媲美"的"生态文明新特区、科学发展示范市"。

四　珠海市城市国际化的可行性与现实条件

尽管存在比较劣势，然而在国家宏观政策利好的局面下，在《关于建立更紧密经贸关系的安排》（CEPA）、《珠三角改革发展规划纲要》等系列政策规划的强势助推下，珠海市城市国际化有其可行性与现实条件。

（一）区位与产业

珠海地理位置独特、区位优势明显。其地处珠三角核心区域，濒临南海，东邻香港，南接澳门，既是改革开放的前沿阵地，又是面向世界开展国际交流的第一战线。定位于珠江口西岸的核心城市，珠海拥有中国第一大陆路口岸——拱北口岸、华南第一深水港——珠海港、国际先进水平的珠海机场，特别是随着港珠澳大桥、广珠铁路、广珠城际轻轨等一系列交

---

① 邱俊等：《先行先试 勇闯新路——广东经济特区改革开放 30 年发展路径探索》，广东统计信息网，http://www.gdstats.gov.cn/tjfx/t20110722_ 87259.htm。

通基础设施的兴建和完善，珠海俨然成为连接中国西南地区与港澳之间的交通枢纽和珠三角区域性中心城市。

需强调的是，作为中国第三个国家级新区——横琴新区，其利用"比经济特区更加特殊的优惠政策"，肩负起"一国两制"框架下探索粤港澳合作新模式的示范区、深化改革开放和科技创新的先行区、促进珠江口西岸地区产业升级发展的新平台的历史使命。大力发展高端服务业和高新技术产业，无疑将成为助推珠海跨越式发展的领头雁和主力军。还有珠江口西岸首个国家级经济技术开发区——珠海经济技术开发区（高栏港区），将围绕港口经济参与全球经济中高端竞争的根本要求，努力打造珠海科学发展最重要的引擎、珠海全球化发展的大平台、现代化的临港经济示范区、国际化的港口城市和体制机制创新的先行区。作为全国首批国家高新区之一，珠海（国家）高新技术产业开发区（高新区），其主园区已形成了以名牌大学为依托，以软件研发企业为主体，集"产学研政孵投"于一体的高科技产业走廊。此外，作为广东省唯一航空产业园，珠海航空产业园正加快发展航空制造业、做大做强航空运营业、大力发展航空服务与延伸产业，向着中国最大、世界一流的通用航空产业基地的目标坚实迈步。

毗邻港澳、面向世界的独特区位优势，以横琴新区、高栏港区、高新区为"三大引擎"而打造的"三高一特"现代产业体系有力地推动了珠海城市现代化进程，同时也为城市国际化奠定了坚实的基础。

（二）对外经济

近几年，珠海经济，包括对外经济持续较好发展，为城市国际化创造了必要的现实条件。根据珠海市统计局、国家统计局珠海调查队联合发布的《2012年珠海市国民经济和社会发展统计公报》，2012年珠海全市实现地区生产总值（GDP）1503.81亿元，比上年增长7.0%；全年完成进出口总额456.69亿美元，其中，出口216.31亿美元，进口240.38亿美元；全年新批外商投资项目253宗，比上年增加36.0%；合同吸收外商直接投资21.90亿美元，增长23.3%；实际吸收外商直接投资14.47亿美元，增长8.2%。截至2012年底，全市累计批准外商直接投资项目11478个，累计引进合同外资额303.79亿美元，累计实际吸收外商直接投资176.49亿美元。工商登记注册的实有外资企业 4008 家。① 另据悉，截至 2010 年，珠海已有日本佳能、美国伟创力、英国 BP、德国西门子、法国家乐福、荷兰飞利浦等 39 家世界 500 强境外企业在珠投资 85 个项目。活跃的外向型经济和跨国经营活动强烈刺激着珠海城市国际化的神经，促使其释放巨大的正能量。

（三）人口因素

作为中国最重要的口岸城市之一，珠海设有拱北、九州、横琴等 8 个国家一类口岸。加之珠海又是著名的滨海旅游胜地，尽管本身固有的人口规模不大（截至 2012 年底，珠海共有常住人口 158.26 万，其中户籍人口 106.55 万，在广东省 21 个地级市中人口规模最小），但是流动性人口，特别是国际/地区流动性人口规模庞大。2012 年珠海全年接待入境旅游人数 438.18 万人次，其中，外国人 65.25 万人次，香港、澳门和台湾同胞 372.93 万人次，在入境旅游人数中，过夜游客 297.58 万人次，国际旅游外汇收入 95044.62 万美元。② 频繁的国际/地区人员交流以及由此带来的人、财、物等方面的国际资源对促进珠海城市国际化的作用是不容小觑的。

（四）文化资源

珠海人文资源深厚，科教文卫事业发达。以高等教育为例，珠海现有中山大学珠海校区、吉林大学珠海学院、联合国际学院（UIC）等各类高等教育机构 10 所，普通全日制在校大学生 12.3 万人，平均起来，相当于每 8.7 个户籍人口或者说每 12.9 个常住人口中就有 1 名高校在校生，这直接带动了全市人口平均受教育程度和素质水平。这些高校每年能培养大学毕业生约 2.7 万人，向珠海输送了大量优质的高素质复合型人才。长期以来，珠海受到岭南文明与海洋文明的双重浸润、中华文明与海外文明的相

---

① 珠海市统计局、国家统计局珠海调查队：《2012 年珠海市国民经济和社会发展统计公报》，珠海统计信息网，http：//www.stats－zh.gov.cn/o_ tjgb/tjgb/2012.htm。
② 珠海市统计局、国家统计局珠海调查队：《2012 年珠海市国民经济和社会发展统计公报》，珠海统计信息网，http：//www.stats－zh.gov.cn/o_ tjgb/tjgb/2012.htm。

互激荡，其文化的氛围浓郁、形式多元、包容性强，像以"中国留学生之父"容闳为代表的留学（移民）文化，海岛、温泉、横琴长隆构成的休闲旅游文化，国际半程马拉松赛、泛珠三角国际赛车节组成的体育文化，中国国际航空航天博览会、中国国际马戏节形成的展会文化，等等。[①] 高素质人才和城市居民的富集以及多元、开放、包容的文化传统也为珠海城市国际化提供了强有力的支撑。

（五）生态宜居

珠海生态宜居、社会和谐，其浪漫之城久负盛名。仅 2013 年，珠海就获得"中国最美丽城市""中国十佳宜居城市""中国最具幸福感城市""中国十佳优质生活城市"等殊荣。而之前，各类奖誉，如"国家环保模范城市""中国十佳休闲宜居生态城市""联合国改善人居环境最佳范例奖"等，不一而足。尤为耐人寻味的是，2013 年 8 月 9 日，《环球》杂志以"外国人最爱的中国 10 个城市，有你家没有?"为题发布了一条微博，而 10 个城市中，珠海赫然在列，且位居榜首。珠海的国际美誉度和对外国人的吸引力，可见一斑。最美、最幸福、最爱……这些已成为珠海的闪亮代名词，也为珠海城市国际化创造了有利条件。

然而同时，我们也应清醒地看到，珠海实行城市国际化也面临着不小的现实挑战和困境，首要的就是经济总量规模偏小，其次还有如第三产业比重偏低（2012 年珠海三次产业的比例为 2.6∶52.9∶44.5，第三产业占比为 44.5%）[②]，现代产业承载能力偏弱，大型龙头企业偏少，资本聚集功能不强，科技创新水平不高，辐射带动能力不够，国际资源利用不多，以及城市格局、交通状况等方面的制约因素。

五　珠海市城市国际化的路径与对策

每座城市实现国际化的道路是各不相同的。而珠海要结合自身实际，

---

① 彭澎：《珠海可闯出新型城镇化新路径》，《南方日报》2013 年 3 月 26 日。
② 珠海市统计局、国家统计局珠海调查队：《2012 年珠海市国民经济和社会发展统计公报》，珠海统计信息网，http：//www.stats-zh.gov.cn/o_tjgb/tjgb/2012.htm。

加快推进城市国际化步伐，可以从以下几方面加大探索和努力。

（一）解决理念问题

从 20 世纪 80 年代末开始，特别是 20 世纪 90 年代以来，城市国际化成为我国许多城市发展的方向。但不知基于何种原因，在之前的很长一段时间里，珠海对城市国际化，无论是政府层面，还是民间层面似乎关注度都并不高，城市国际化的战略理念尚未建立。值得庆幸的是，近年来珠海市委、市政府逐渐意识到这一点。"营造法制化、国际化的营商环境""主动承接港澳""提升外向型经济""参与全球中高端竞争""环境宜居与欧美发达国家相媲美"等带有国际视域的发展概念的陆续提出说明政府已在行动。但民间对城市国际化理念的觉醒还是相对滞后，这也将成为珠海推行城市国际化需要着力解决的一个问题。理念不先行，实践难以为继。当然，树立国际化理念还只是最基础的一点，接下来还有很多配套工作要做，这在之后的"落实软件保障"中还要专门讨论，这里就不赘述了。

（二）夯实硬件基础

城市国际化是建立在发育程度相对较高的城市现代化基础之上的。没有以较强的经济实力、产业水平、基础设施、架构平台等城市现代化支柱为主体的硬件基础，城市国际化就打不了高分。结合实际，珠海要提高城市国际化水平，还需多措并举，频频发力。

1. 优化区域经济布局，提升产业经济体系

珠海要优化区域，特别是横琴新区、高栏港区、高新区"三大引擎"的经济布局，以形成相得益彰的产业经济体系。

横琴新区要紧扣"粤港澳更紧密合作"主线，发挥政策创新优势，探索扩大横琴特殊政策制高点，鼓励港澳高端服务业向横琴拓展，形成珠江口西岸服务中心；要进一步拓展产业发展新领域，探索信息化管理新模式，探索实行自由贸易区新机制，在发展方向上把握产业高端、项目优质、国际一流；要深化与港澳合作，围绕支持澳门建设世界旅游休闲中心和葡语系国家经贸合作平台，重点发展商务总部、金融服务、文化创意、

休闲度假、会议展览等现代服务业；要加快建设"开放岛""活力岛""智能岛""生态岛"，探索后工业文明时期的城市发展路径。高栏港区要抓住升级为国家级经济技术开发区的契机，加强与国内外先进地区的战略合作；要大力发展临港经济，打造世界级船舶和海洋工程装备制造基地、国家级清洁能源和石油化工基地以及国家综合运输体系重要枢纽；要以补链强链为重点，大力提升招商引资质量和水平，着力引进与高端产业相关联的工程技术中心、研发中心、检测中心和总部经济，大力推进产业集聚发展。高新区要推动唐家湾片区、南方软件园、大学园区、科技创新海岸协同发展；要做大做强以互联网、智能电网产业为核心的智慧产业，巩固提升电子信息、生物医药等传统优势产业；要建设软件产业国家高技术产业基地、具有特色和竞争力的集成电路设计产业基地、珠三角具有影响力的文化创意集聚区；要实施人才强区战略，吸引优秀人才和创新团队在高新区聚集，为其提供优质服务；要着力推动产城一体，把"宜业、宜居"打造成高新区的新品牌。①

2. 加速产业结构调整，促进产业结构功能外向化

要建立城市产业导向目录，秉持发展以高端制造业、高新技术产业、高端服务业以及特色海洋经济和生态农业为核心的"三高一特"现代产业体系，大力提升技术创新能力。

在高端制造业方面，重点发展节能环保智能家电、通用航空、轨道交通装备、高端打印设备及环保型耗材、新能源汽车、海洋工程装备制造、高端石油化工和清洁能源产业等为代表的装备制造领域，打造海陆空齐头并进的高端制造业基地。在高新技术产业方面，要发展壮大以软件、集成电路设计、智能电网、3D打印等为主的高新技术产业，促进高新技术集群内生增长，形成有核心竞争力的产业基地。优先发展高端服务业，对休闲旅游、金融服务两大重点领域实施外向国际化和内向国际化并举，对会展、文化创意、高端物流、科技服务四大潜力领域实施偏重内向国际化战略，着力打造高端服务业集聚区。创新发展特色海洋经济和生态农业，依

---

① 涂静：《倾力打造"三高一特"现代产业　引领新一轮城市发展》，《珠海特区报》2013年7月15日。

托特色陆海资源，发展绿色能源、高端海岛度假与海岛休闲旅游业；以生态渔业、特色种植业、生态农业旅游为抓手，构建生态观光休闲特色的农业生态旅游产业体系；不断优化农业生产经营方式，使农业结构更加合理、产业体系更趋完善，形成都市型现代特色农业发展新格局。①

3. 加快城市基础设施建设，推动城市现代化进程

珠海要以新一轮的交通大变革为契机，着力加快港珠澳大桥建设，尽快进入港澳，特别是香港陆路辐射圈；充分利用广珠铁路、广珠城际轨道，加快融入珠三角核心城市半小时经济圈；强化港口，特别是高栏港的开发和利用，打好海洋经济和产业这张牌；进一步提升珠海机场及航空产业园的辐射带动作用，擦亮中国国际航空航天博览会这张名片；有效优化以拱北口岸为代表的口岸建设，扩大人员、物资和信息的跨地区、跨国境流动与传播；进一步提高城市道路科学规划水平，完善东西两翼市政道路、高速道路和快速道路建设及其配套设施建设，有效解决交通拥堵；进一步加强供水、供电等基础设施建设，为城市功能的发挥提供良好的配套和基础性支撑；要突出地抓好环保基础设施建设，使城市建设与环境建设同步，形成优美的城市景观、良好的商务环境、舒适的人居环境，凸显珠海"生态宜居"的品质。还要加强信息基础设施建设，加快城市数字化和智慧城市建设步伐。

4. 强化国际化体制架构，打造国际化实施平台

珠海要进一步完善市场经济环境，继续大力营造法制化、国际化营商环境，重视市场规范建设和知识产权保护；要构建国际化产业发展平台，加快对外经贸合作步伐，通过招商引资，增强新区、经济区、开发区建设在优化城市产业结构以及促进城市化方面的积极作用；要做大、做强外向型经济，充分吸收外资和跨国企业的全球资源，吸引更多世界500强企业入驻；要建设国际化创新载体，推进国际研究机构和在珠企业、研究机构的合作；要打造国际化交流平台，积极开展国际会议、展览、节庆等交流活动，增强城市文化载体功能；要鼓励、引导在国际企业和境外人员较为

---

① 涂静：《倾力打造"三高一特"现代产业 引领新一轮城市发展》，《珠海特区报》2013年7月15日。

集中的区域，规划和建设国际公寓、特色小区及配套设施，总结推广华发社区、海怡湾畔小区等本土国际化社区管理经验，建立健全国际化社区管理和服务机制。要建立与国际接轨的社会保障机制，创办若干国际学校和国际医院，建设国际化休闲文体设施和娱乐活动服务设施，妥善解决外籍人员就业、就学、就医和衣食住行等问题。[①]

（三）落实软件保障

1. 政府先行，制订国际化规划

珠海市委、市政府要进一步激发敢闯敢干的特区精神，牢固树立城市国际化理念，自觉将城市国际化纳入城市发展战略和重要议事日程，切实做到以国际视野来规划城市，用国际标准来建设城市，按国际惯例来管理城市，树国际形象来营销城市；要充分利用珠海经济特区立法权，为城市国际化创造良好的制度与政策环境；要加强公务员队伍建设，提高服务意识和城市管理水平，增强国际化素养和处理国际事务的能力。

2. 强化教育，凝聚国际化人才

珠海要进一步建立多元国际文化兼容环境，利用丰富的文化、教育资源，完善人才战略与人才措施，大力培育、引进和凝聚国际化人才，积极鼓励和推动教育，特别是高等教育的国际化，使"大学的城市"和"城市的大学"互为"国际名片"，大学的"学术创新"与城市的"科技创新"互为"发动机"。[②] 珠海还要积极营造国际化语言环境，大力提倡全民外语学习，普及外语，特别是英语的使用，切实提高本地居民的综合素质和国际交往能力。

3. 优化环境，创建国际化宜居城市

珠海要珍惜和利用好"宜居城市"这面金字招牌，用高标准、高起点的城市规划来引领和谋建国际化宜居城市，将"宜居"打造为城市核心竞争力；要从生态经济、生态制度、生态宜居、生态文化四大方面推进生态

---

① 吴可人：《提升杭州城市国际化水平分析与对策》，《浙江树人大学学报》2008 年第 8 卷第 4 期。

② 刘长敏、马方方：《国际化：大学与城市共同成长的助推器——以香港地区为例》，转变经济发展方式 奠定世界城市基础——2010 城市国际化论坛会议论文，2010。

文明建设；要以"人"为中心，推进资源节约型、环境友好型、人口均衡型的"三型"社会建设；要以经济、社会、文化、环境、制度建设为"五大抓手"，系统构建一个具有良好自然环境、与优美环境相适应的城市经济、完备交通体系、较高城市多样性、高度公众参与的后工业文明时期的"梦想社会"。

4. 媒体宣传，打造国际化形象

珠海要充分发挥电视、电台、网络、报纸等媒体的宣传作用，加强城市国际化舆论引导，重点宣传珠海在发展战略、区位优势、产业特色、生态宜居、文化氛围、国际交流等方面取得的成果，进一步密切与相关友好城市（如加拿大苏里市、美国红木市、葡萄牙布朗库堡市、日本热海市、韩国水原市、巴西维多利亚市、瑞典耶夫勒市、德国不伦瑞克市、英国朴茨茅斯市等）、友好高校（以吉林大学珠海学院为例，截至2013年底，其已与全球15个国家和地区的70多所高校建立了友好合作关系，是一笔相当可观的国际资源）、友好企业、友好协会等之间的联络与沟通，积极塑造具有珠海特色的国际化形象。

六 结语

对于处在后发优势与先发机遇相结合时期的珠海，城市国际化无疑是必要且可行的，但城市国际化不可能一蹴而就、不能够千篇一律，因此珠海还要注意坚持走循序渐进的国际化道路，走国际化与特色化相融合的发展道路。

Study on City Internationalization of Zhuhai

Xu Shili , Tu Zheng

Abstract：City internationalization is the main trend of modern city development. Zhuhai, the city which stands at the intersection line of internationalization tide, is facing with the golden period of great revolution of transportation, fast development of economy and dramatic changes of the society;

therefore the city internationalization is standing right in front of Zhuhai inevitably. On the basis of the necesity and the practicability of city internationalization. Zhuhai needs the deep understanding of its connotation and evalution in order to explore the paths of Zhuhai's internationalization. To optimize economic layout, to readjust the industrial structure, to strengthen international administrative system, to unite international talents, to beautify the environment, and to brand the international image and so on is the urgent and realistic mission now.

Key Words: Zhu Hai; City Internationalization; Practicability; Paths

文化研究

CULTURAL STUDY

"春心莫共花争发，一寸相思一寸灰"

——李商隐的"春心"为谁而动？

孙东临[*]

【摘要】李商隐的"无题"系列一向称难以索解，本文视《无题四首》为不可分割的组诗，并以其人的生平行状特别是玉阳学道和情感经历为基础，以其中"春心莫共花争发，一寸相思一寸灰"为切入点，参照玉溪生诗中的相关诗作，从其创作习惯、运用典故、表现手法等方面，钩沉探赜，力证《无题四首》并非有些论者所谓别有寄托的"寓言"，而是李商隐初恋情感的隐秘泄露。进而指出李诗中众说纷纭的《锦瑟》《无题二首》等诗作也都具有同样的内涵。

【关键词】李商隐 无题 春心 初恋

古代的文人大都多愁善感，多愁善感的文人似乎都容易染上消渴疾，前汉的司马相如因此而死，盛唐的杜甫因此而亡，晚唐的李商隐也不幸因此一命呜呼。所幸他们并不长寿的一生留下一些令人咀嚼玩味的诗赋，供世人茶余饭后海侃神聊，或者供学者专家著书立说。年寿未及知命的李商隐虽然未能像司马相如那样用一篇仅仅八百余字的小赋为自己换来"黄金百斤"的高昂稿酬，未能像杜甫那样以千首诗为自己赢得"诗圣"的桂冠，但他那些别出心裁的"无题"诗作却深刻影响着后代的诗坛，一些佳作名句甚至至今不绝于口。

"春心莫共花争发，一寸相思一寸灰"就是玉溪生名句中的一例。其

---

[*] 孙东临，吉林大学珠海学院中文系教授。

诗曰：

> 飒飒东风细雨来，芙蓉塘外有轻雷。
>
> 金蟾啮锁烧香入，玉虎牵丝汲井回。
>
> 贾氏窥帘韩掾少，宓妃留枕魏王才。
>
> 春心莫共花争发，一寸相思一寸灰！
>
> （《无题四首》之二）

这首诗的题旨究竟是什么？是谁让李商隐如此心灰意冷呢？

一

诗名"无题"是李商隐的创举。正因为"无题"，所以给诗作的诠释造成很大的歧义，正如元好问所谓"诗家总爱西昆好，独恨无人作郑笺"（《论诗绝句》）。如果追溯当今诗坛"朦胧派"的先驱，李商隐恐怕算得上老祖宗之一。

李商隐"无题"系列为什么故意写得如此月朦胧鸟朦胧的？客观原因似乎是传统诗歌有比兴之法，汉王逸序《离骚》说："《离骚》之文，依《诗》取兴，引类譬喻。故善鸟香草，以配忠贞；恶禽臭物，以比谗佞；灵修美人，以媲于君；宓妃佚女，以譬贤臣；虬龙鸾凤，以托君子；飘风云霓，以为小人。"[1] 唐刘知几也说："昔文章既作，比兴由生。鸟兽以媲贤愚，草木以方男女。诗人骚客，言之备矣。"[2] 这样一来，读诗就得格外小心，诗里写的虽然是草木，说不定就是在指忠贞；写的尽管是女性，说不定人家在比喻贤臣；表面上是男欢女爱，也许是在象征君臣遇合。于是，就有学者从这一角度去追寻李商隐"无题"系列的微言大义。比如上引的这首七律，就有人做出了下述颇为新鲜的诠释：

> 四者皆寓言也，此作较有韵味，气体亦不堕卑琐。《无题》诸作，大抵感怀托讽，祖述乎美人香草之遗，以曲传其郁结，故情深调苦，

---

[1] 王逸：《楚辞章句》，四库全书本，卷一，第2页。

[2] 赵吕浦：《史通新校注》内篇·叙事，重庆出版社，1990，第418页。

往往感人。特其格不高，时有太纤太靡之病，且数见不鲜，转成窠白耳。（清纪昀《玉溪生诗说》卷上）①

此四章与"昨夜星辰"二首判然不同，盖恨令狐绹之不省陈情也。……次首首二句纪来时也；三句取瓣香之意；四句申汲引之情；五句重在"掾"字，谓己之常为幕官；六句重在"才"字，谓幸以才华，尚未相绝；结则叹终无实惠也。（冯浩《玉溪生诗集笺注》）②

于是，所谓的"祖述乎美人香草之遗"就使这首诗变成了"寓言"，原来李商隐是在向令狐绹暗通款曲。尽管李诗写得缠绵婉约，情意殷殷，可惜令狐绹不知是不甚了然还是故作糊涂，反正是不领情。

当然，不能说李商隐完全置"香草美人"的手法于不顾，他有时也很在乎这种艺术构思，比如他在下面的律诗中就曾说道：

> 不拣花朝与雪朝，五年从事霍嫖姚。
>
> 君缘接坐交珠履，我为分行近翠翘。
>
> 楚雨含情皆有托，漳滨多病竟无憀。
>
> 长吟远下燕台去，惟有衣香染未销。
>
> （《梓州罢吟寄同舍》）

> 流莺飘荡复参差，渡陌临流不自持。
>
> 巧啭岂能无本意，良辰未必有佳期。
>
> 风朝露夜阴晴里，万户千门开闭时。
>
> 曾苦伤春不忍听，凤城何处有花枝。
>
> （《流莺》）

"楚雨含情皆有托""巧啭岂能无本意"云云，表明他的楚雨含情、流莺巧啭也自然别有意在言外的寄托，然而并非篇篇如是，他不是也写过下述的七绝吗——

---

① 刘学锴等：《李商隐资料汇编》下册，中华书局，2001，第610页。
② 冯浩：《玉溪生诗集笺注》卷二，上海古籍出版社，1979，第388～389页。

> 非关宋玉有微辞，却是襄王梦觉迟。
>
> 一自高唐赋成后，楚天云雨尽堪疑。
>
> （《有感》）

并非因为宋玉的赋中含有微言大义，而是楚襄王自己沉迷在梦幻之中。自从他的《高唐赋》作成后，楚天上空的流云飞雨总叫人疑心是巫山神女化成的"朝云暮雨"。言外之意当然是他写的一些朦胧诗并不见得都有什么香草美人的寄托在内。

回过头来再看他的这首无题诗，翻译过来大致的意思是

> 飒飒东风吹得毛毛雨纷飞，
>
> 荷花塘外传来一阵阵轻雷。
>
> 金蟾香炉的锁纽锁不住香烟缭绕，
>
> 玉虎辘轳的井绳总能牵来井底水。
>
> 贾氏的女儿隔帘窥见了年轻帅气的韩寿，
>
> 才高八斗的曹植只是在梦中与洛神幽会。
>
> 躁动的春心不能再与春花一同萌发，
>
> 要知道寸寸相思都只能化一截截死灰。

这样的翻译几乎是直译，对玉溪生诗的原意并没有做任何曲解，令人读起来的感觉就是一首地地道道的情爱诗。原诗颈联使用的典故也都与男女情爱关系至密，出句"贾氏窥帘韩掾少"，化用西晋权臣贾充女儿贾午"偷香"给韩寿的故事。《晋书·贾充列传》卷四十载：

> 谧字长深。母贾午，充少女也。父韩寿，字德真，南阳堵阳人，魏司徒暨曾孙。美姿貌，善容止，贾充辟为司空掾。充每宴宾僚，其女辄于青璅中窥之，见寿而悦焉。问其左右识此人不，有一婢说寿姓字，云是故主人。女大感想，发于寤寐。婢后往寿家，具说女意，并言其女光丽艳逸，端美绝伦。寿闻而心动，便令为通殷勤。婢以白女，女遂潜修音好，厚相赠结，呼寿夕入。寿劲捷过人，逾垣而至，家中莫知，惟充觉其女悦畅异于常日。时西域有贡奇香，一著人则经月不歇，帝甚贵之，惟以赐充及大司马陈骞。其女密盗以遗寿，充僚

属与寿燕处，闻其芬馥，称之于充。自是充意知女与寿通，而其门阁
严峻，不知所由得入。乃夜中阳惊，托言有盗，因使循墙以观其变。
左右白曰："无余异，惟东北角如狐狸行处。"充乃考问女之左右，具
以状对。充秘之，遂以女妻寿。

　　贾充的小女儿贾午在父亲宴请宾客时喜欢偷窥，一次窥见父亲的下属司
空掾韩寿长得仪表堂堂，风度翩翩，便心生爱慕，醒着睡着都想着这位年轻
的帅哥。于是她置礼教规矩于不顾，通过婢女向韩寿暗通款曲，韩寿听说贾
午"光丽艳逸，端美绝伦"，便也春心荡漾，积极回应贾午的示好。两人竟
在贾充的眼皮底下干起了跨墙幽会的勾当。人逢喜事精神爽，贾午的喜形于
色引起了贾充的疑惑，而破解这种疑惑靠的则是一种奇异的香气。原来西域
向典午王朝进贡一种奇香，人一旦沾上这种香气，就会经月不消。皇帝对奇
香倍加珍惜，只把它赏赐给贾充和陈骞。贾午爱韩寿爱得入骨，把父亲的奇
香偷过来送给了她的这个心上人。别的幕僚闻到韩寿身上奇异的香气，说给
贾充听。贾充因此才恍然大悟，知道了与女儿幽会的乃是韩寿。但是生米煮
成熟饭，家丑不可外扬，他只好将贾午下嫁给这个胆大包天的下属。从此，
"偷香"成为男女私相表示爱慕的语词，频繁地出现在后世的诗文之中。

　　颈联对句的"宓妃留枕魏王才"，化用的则是甄妃与曹植梦"荐枕席"
之事。《昭明文选》卷十一所载的《洛神赋》之《记》曰：

　　魏东阿王，汉末求甄逸女，既不遂，太祖回与五官中郎将，植殊
不平，昼思夜想，废寝与食。黄初中入朝，帝示植甄后玉镂金带枕，
植见之，不觉泣。时甄后已为郭后谗死，帝意亦寻悟。因令太子留
饮，仍以枕赍植。植还，度辘辕，少许时，将息洛水上，思甄后，忽
见女来。自云：我本托心君王，其心不遂，此枕是我在家时从嫁，前
与五官中郎将，今与君王。遂用荐枕席，欢情交集，岂常情能具。为
郭后以糠塞口，今被发，羞将此形貌重睹君王尔！言讫，遂不复见所
在。遣人献珠于王，王答以玉佩，悲喜不能自胜，遂作《感甄赋》，
后明帝见之，改为《洛神赋》。①

---

① 萧统：《昭明文选》第二册，卷十一，上海古籍出版社，1986，第895～896页。

传说曹植爱上甄妃，曹操却将她赐给了曹丕。甄妃被谗死后，曹丕竟然把她的"玉镂金带枕"赏给了曹植。曹植回归封国的途中，在洛水梦到甄妃自荐枕席，二人极尽欢情后又通过中人互赠礼物。曹植悲喜交集，创作了《感甄赋》以记其事。甄妃的儿子魏明帝为了避讳，把《感甄赋》易名为《洛神赋》。事情的真假姑置勿论，反正"宓妃留枕"成为诗文中一个常用的恋爱典故。

既然李商隐特地择用了这两个情意缠绵的典故，更加证明其诗分明就是一首情爱诗。论者硬是从李商隐与情人的鱼水之欢挖掘出他向令狐绹陈情的寓意恐怕大有误读之嫌。这就好像《乐府解题》诠释后汉张衡所作的《同声歌》一样，明明写的是夫妇之间"缱绻枕席"的房事，他却瞪着眼睛说"以喻臣子之事君也"[①]，荒唐得完全不靠谱。

既然是情爱诗，那么会不会是写给他夫人的呢？

二

李商隐的婚姻也同他的无题诗一样朦朦胧胧。诸家大都认定他在唐文宗开成三年（838年）26岁时娶泾源节度使王茂元之女为妻，王氏与其生活了13年后，于唐宣宗大中五年（851年）离开了人世，从此，他未再娶，孤独地走完了余下的人生。在以往的社会，男性一般年及弱冠即当娶妻，唐代甚至规定超过二十岁而未娶的男性要受到处罚。李商隐假如与王氏是初婚，那他就违背了当时的社会规则。因此，王氏绝非他的发妻。近人张采田说"案《祭小侄女寄寄文》'况吾别娶已来，胤绪未立'，则王氏疑是继娶，《过招国李家南园》诗所谓'新人来坐旧妆楼'也，但他处苦无显证耳"[②]，怀疑得颇合情理。

对这位继娶的王氏，似乎有点儿政治联姻的味道。26岁的李商隐前一年刚刚因为令狐绹从中斡旋而得以考中进士，不幸的是可以称得上他恩公的天平军节度使令狐楚同年辞世，似乎在比较了王茂元与令狐绹两派势力

---

① 郭茂倩：《乐府诗集》卷七十六，中华书局，1979，第1075页。
② 张采田：《玉溪生年谱会笺》，中华书局，1963，第56页。

的高下之后，他选择了去王茂元手下当幕僚一职。王茂元不止一个女儿，在李商隐未成为王的乘龙快婿之前，与他同年及第的韩瞻（晚唐著名诗人韩偓之父）先娶得其中的一个。在写给韩瞻的一些诗中，李商隐似乎透露了自己属意于王茂元女儿的心事：

> 龙山晴雪凤楼霞，洞里迷人有几家。
> 我为伤春心自醉，不劳君劝石榴花。
>
> （《寄恼韩同年二首时韩住萧洞》其二）
>
> 籍籍征西万户侯，新缘贵婿起朱楼。
> 一名我漫居先甲，千骑君翻在上头。
> 云路招邀回彩凤，天河迢递笑牵牛。
> 南朝禁脔无人近，瘦尽琼枝咏四愁。
>
> （《韩同年新居饯韩西迎家室戏赠》）

前一首诗题中的"时韩住萧洞"，当是作者的自注。"萧洞"大约是对韩瞻夫妇居处的戏称。刘义庆《幽明录》载有刘晨、阮肇天台遇仙的故事，刘向《列仙传》载有萧史、弄玉吹箫羽化的故事，这里是将两者叠用，夸称韩瞻娶王氏女犹如刘晨、萧史一般得遇仙女。"洞里迷人有几家"当然是指天台仙人洞亦即王府中尚有自己瞩目的未嫁之女。但是，他有心而王茂元有意否尚不可知，所以才有"我为伤春心自醉"之语——我正在为自己没有着落的春心忧愁烦恼啊，这一句也正扣题目中的"寄恼"：寄上一怀忧伤。

后一首是因为王茂元为女婿韩瞻修筑了"朱楼"而作。题云"戏称"，实际上蕴含着对韩瞻捷足先登的艳羡及尚未娶得王氏小女的忧愁。诗中的"千骑君翻在上头"化用汉乐府《陌上桑》"东方千余骑，夫婿居上头"句意，说韩瞻抢在自己之前娶得王氏女。"南朝禁脔无人近"则使用了"禁脔"的典故：

> 混字叔源。少有美誉，善属文。初，孝武帝为晋陵公主求婚，谓王珣曰："主婿但如刘真长、王子敬便足。如王处仲、桓元子诚可，才小富贵，便豫人家事。"珣对曰："谢混虽不及真长，不减子敬。"

帝曰："如此便足。"未几，帝崩，袁山松欲以女妻之，珣曰："卿莫近禁脔。"初，元帝始镇建业，公私窘罄，每得一豚，以为珍膳，项上一脔尤美，辄以荐帝，群下未尝敢食，于时呼为"禁脔"，故珣因以为戏。混竟尚主，袭父爵。（《晋书·谢混传》）

谢混犹如猪项上的肥肉一般，是皇上的御用品，别人休得染指、分享，李商隐用以戏称王婿韩瞻不可靠近。全诗的大致意思：声名显赫的王茂元为你这位新婚的贵婿修建了豪华的朱楼，当年中进士的黄金榜上你的名字在我之后，在迎娶王氏女这件事上你却跑在了我的前头。你从遥远的泾州迎回彩凤一般的王家女儿，可笑我却像隔着高远的天河遥望织女的牵牛。你是江南王朝的那片无人敢沾边的禁脔，可叹我这个落拓的皇族子孙只能如张衡咏《四愁诗》那样，空吟"我所思兮在王府"啊。

李商隐如此急于当上王府的女婿，唯恐挨不着韩瞻这块"禁脔"，恐怕主要原因在于王茂元"籍籍征西万户侯"的权势。遗憾的是，李商隐虽然最终当上了王府的快婿，却得罪了昔日恩公的儿子令狐绹。而且，李商隐似乎总是恩公的克星，本可成为他依靠的这位泰山又在他结婚五年后（853 年）撒手尘寰，结果根本就没沾到"征西万户侯"的光，到底未能在官场中青云直上。

在夫人王氏健在期间，李商隐究竟写了哪些诗是个很不容易厘清的问题。一般唐人写给妻子的诗作往往在诗题中写上"妻"字，如唐旸的《赠妻诗》、元载的《别妻王韫秀》、元稹的《听妻弹别鹤操》、白居易的《杨六尚书新授东川节度使，代妻戏贺兄嫂二绝》、李涉的《送妻入道》、崔涯的《别妻》等；寄给家中妻子的诗作往往诗题标以"寄内"字样，如李白的《秋浦寄内》《秋浦感主人归燕寄内》《在浔阳非所寄内》《南游夜郎寄内》，白居易的《寄内》，崔融的《塞上寄内》，刘兼的《江楼望乡寄内》，权德舆的《奉使丰陵职司卤簿，通宵涉路，因寄内》《发硖石路上却寄内》《祗役江西路上以诗代书寄内》，苏颋的《春晚紫微省直寄内》等。但李商隐诗中却找不到有此类明显关键词的诗作，当初迟迟未获王茂元许婚时，他是那般地忧心如醉，何以成婚之后，热情反减？即使是被诸家判定疑似写给内人的诗作，其中抒发的也大都不过是阔别的忧伤与独居的酸楚，如

被赵凡夫、黄习远万历刊本《万首唐人绝句》和姜道生《唐三家集》引作
"夜雨寄内"的《夜雨寄北》：

> 君问归期未有期，巴山夜雨涨秋池。
>
> 何当共剪西窗烛，却话巴山夜雨时。

虽然被宋顾乐揄扬为"婉转缠绵，荡漾生姿"[1]，但毕竟还是平实如
话，缺乏那种并非写给王氏的情爱诗中的缱绻和悱恻。有的疑似写给王氏
的诗作，甚至横生枝节，不专咏伉俪之情，反倒张扬起官场上的得失长
短，如《漫成三首》其三：

> 雾夕咏芙蕖，何郎得意初。
>
> 此时谁最赏，沈范两尚书。

冯浩以为前两句化用南朝何逊《看伏郎新婚》诗句"雾夕莲出水，霞
朝日照梁。何如花烛夜，轻扇掩红妆""借谓初婚"；后两句借"沈
（约）、范（云）""谓周、李两学士举之也"[2]，因为他这一年参加博学宏
词科考试，虽然最终落选，却得到了周、李两学士的肯定。官场上权势人
物的青睐令他的喜悦远远超过了新婚燕尔之情。

由此看来，李商隐对王氏的追求，功利欲求和政治希冀超过了对爱情
的渴望，难怪他的笔下罕见寄内诗作。而且，《无题（飒飒东风细雨来）》
偷香、云雨梦之类典故的使用，表明该诗绝不是写给王氏的，只能透露出
李商隐别有一段隐情的蛛丝马迹。

三

李商隐是与杜牧并称为"小李杜"的晚唐两大诗歌巨星之一。但是在
女性问题上，他却与杜紫薇不一样。杜紫薇"十年一觉扬州梦，赢得青楼
薄幸名"，李商隐却要严肃得多，即使长官送给他艺妓，他都婉言谢绝。

---

① 转引自黄世中《李商隐诗选》，中华书局，2005，第109页。
② 冯浩：《玉溪生诗集笺注》卷一，上海古籍出版社，1979，第114页。

尽管他的笔下情诗连篇累牍，但实际上与之关系密切的女性，诚如黄世中兄所论，只有三人：宋华阳、柳枝和妻子王氏。

前已述及，王氏与其相伴 13 年后先行辞世。关于柳枝，李商隐曾作《柳枝五首并序》：

> 柳枝，洛中里娘也。父饶好贾，风波死于湖上。其母不念他儿子，独念柳枝。生十七年，涂装绾髻，未尝竟，已复起去，吹叶嚼蕊，调丝擫管，作天海风涛之曲，幽忆怨断之音。居其旁，与其家接故往来者，闻十年尚相与，疑其醉眠梦物断不娉。与从昆让山，比柳枝居为近。他日春曾阴，让山下马柳枝南柳下，咏余燕台诗，柳枝惊问："谁人有此？谁人为是？"让山谓曰："此吾里中少年叔耳。"柳枝手断长带，结让山为赠叔乞诗。明日，余比马出其巷，柳枝丫环毕妆，抱立扇下，风鄣一袖，指曰："若叔是？后三日，邻当去溅裙水上，以博山香待，与郎俱过。"余诺之。会所友偕当诣京师者，戏盗余卧装以先，不果留。雪中让山至，且曰："为东诸侯娶去矣。"明年，让山复东，相背于戏上，因寓诗以墨其故处云。

> 花房与蜜脾，雄蜂蛱蝶雌。同时不同类，哪复更相思。（其一）
> 本是丁香树，春绦结始生。玉作弹棋局，中心亦不平。（其二）
> 嘉瓜引蔓长，碧玉冰寒浆。东陵岁五色，不忍值牙香。（其三）
> 柳枝井上蟠，莲叶浦中干。锦鳞与绣羽，水陆有伤残。（其四）
> 画屏绣步障，物物自成双。如何江上望，只是见鸳鸯。（其五）

柳枝虽然是商贾的女儿，却为人聪慧，性格果断。她精通音乐，善解诗歌，对李商隐的诗作更是心有灵犀。一听李让山朗诵的诗是李商隐作，便向李求诗并约会。对这样的知音，李毫不犹豫地答应下来。只是因为友人的一桩恶作剧，才使他与柳枝未能结成连理。二人的关系发展到何种程度，李序并未明言，或者有意讳言也未可知。不过，从他后来所写的一些与"柳"相关的诗作如《离亭赋得折杨柳二首》《妓席暗记送同年独孤云之武昌》等来看，"含烟惹雾每依依，万绪千条拂落晖"，他一见到、一想到"柳"，就总是"别是一番滋味在心头"。

　　不过，最令他一生难以忘怀的是他初恋的对象宋华阳。研究出这一结论的是 20 世纪 30 年代走红的女作家、后来成为古典文学教授的苏雪林，她在《李义山恋爱事迹考》（后易名为《玉溪诗谜》）中考证了李商隐"与女道士恋爱的关系"，为现代重新诠释李商隐的"无题"系列开辟了一条新路。只是女性的善于想象和作家的精于虚构，使其书无法令人尽信。但无论如何，指出玉溪生的玉阳之恋还是颇有见地的。

　　李商隐弱冠之前曾在玉阳山学道。他在自己的诗文中曾经说过："载念弱龄，恭闻隐语。蕙缠兰佩，鸿俦鹤侣"（《梓州道兴观碑铭》），"兼之早岁，志在玄门"（《上河东公启》），"忆昔谢四骑，学仙玉阳东"（《李肱所遗画松诗书两纸得四十一韵》）。玉阳山在河南的济源县，这是一座道教的圣地。山中的玉阳观和灵都观中住着很多女冠，其中有一位姓宋的女冠，亦即李商隐后来在诗中所称的"宋华阳"或"宋华阳真人"，华阳是长安的观名，因为宋氏女冠离开玉阳山后在京师华阳观落脚，所以李商隐如此称呼她。

　　李商隐笔下有两首赠给宋华阳的诗：

> 沦谪千年别帝宸，至今犹谢蕊珠人。
> 但惊茅许同仙籍，不道刘卢是世亲。
> 玉检赐书迷凤篆，金华归驾冷龙鳞。
> 不因杖屦逢周史，徐甲何曾有此身。
>
> 　　　　　　　　（《赠华阳宋真人兼寄清都刘先生》）
>
> 偷桃窃药事难兼，十二城中锁彩蟾。
> 应共三英同夜赏，玉楼仍是水精帘。
>
> 　　　　　　　　（《月夜重寄宋华阳姊妹》）

　　两首当作于大中三年（849 年）李商隐任职京兆尹手下之时。三十七岁的李商隐没想到走下玉阳山的二十年之后，能再次邂逅宋华阳，旧事浮在眼前，心潮难以平静，于是作二诗送给已经是华阳观真人的宋华阳。隐晦的诗句似乎包孕着一段迷离恍惚的隐情。前一首不仅写给宋华阳而且兼呈刘先生。"刘先生"就是年高德劭的道士刘从政，唐冯宿所撰《大唐升元刘先生碑铭》说他"栖于王屋不啻一纪，其后受请，迁居都下，又承诏至于京师"①。而且，刘与宋华阳既像道教名人茅盈、许迈一样为道友，又如西晋刘混、卢谌似的是亲戚。尾联用周史老子使徐甲复生的传说感谢刘从政对自己的救援之恩。《太平广记》卷一引《神仙传》云：

> 老子将去而西出关，以升昆仑。关令尹喜占风气，逆知当有神人来过，乃扫道四十里。见老子而知是也。老子在中国，都未有所授，知喜命应得道，乃停关中。老子有客徐甲，少贳于老子，约日雇百钱，计欠甲七百二十万钱。甲见老子出关游（明抄本"游"作"远"）行，速索偿不可得，乃倩人作辞，诣关令，以言老子。而为作辞者，亦不知甲已随老子二百余年矣，唯计甲所应得直之多，许以女嫁甲。甲见女美，尤喜，遂通辞于尹喜。得辞大惊，乃见老子。老子问甲曰："汝久应死，吾昔贳汝，为官卑家贫，无有使役，故以《太玄清生符》与汝，所以至今日。汝何以言吾？吾语汝到安息国，固当以黄金计直还汝，汝何以不能忍？"乃使甲张口向地，其太玄真符立出于地，丹书文字如新，甲成一聚枯骨矣。喜知老子神人，能复使甲生，乃为甲叩头请命，乞为老子出钱还之。老子复以太玄符投之，甲立更生。喜即以钱二百万与甲，遣之而去。②

老子可以凭借道术肉骨生死，使徐甲得以复生。李商隐把这样的典故嵌入诗中感谢刘从政，不能不令人悬想他在玉阳山似乎出了事而亏刘先生援手。首联"沦谪千年别帝宸"似乎正是注脚，"帝宸"喻指玉阳山道界，"千年"极言岁月悠长，"沦谪"谓从道界回到尘世。全句即《李肱所遗画松诗书两纸得四十一韵》诗中所说的"悲哉堕世网，去之若遗弓"。两句意谓自从被赶下玉阳山以来已过去了不知多少年，但我至今仍然感谢宋华阳与刘先生（"蕊珠人"）。被撵下山最合理的解释是他与女冠谈情说爱违背了山规，违规要接受惩处，只是由于"周史"似的人物刘从政的斡旋，才使他受到从轻处理——仅仅下山了事，所以尾联才说"不因杖屦逢周史，徐甲何曾有此身"，对刘感激得几乎五体投地。

---

① 董诰等：《全唐文》卷六二四，中华书局，1983，第6305页。
② 李昉等：《太平广记》卷一，中华书局，1961，第4页。

后一首是专门写给宋华阳"姊妹"的，"姊妹"也者，道友之谓也，并非俗家的一奶同胞。酬赠的对象没有刘从政，所以写得就有些大胆。首句的关键词"偷桃"，源自前汉东方朔的传说。《汉武故事》载：

> 东郡送一短人，……召东方朔问。朔至，呼短人曰："巨灵，汝何忽叛来，阿母还未？"短人不对，因指朔谓上曰："王母种桃，三千年一作子，此儿不良，已三过偷之矣。"
>
> 王母遣使谓帝曰："七月七日，我当暂来。"……是夜漏七刻，空中无云，隐如雷声，竟天紫色。有顷，王母至，乘紫车，玉女夹驭，载七胜，履玄琼凤文之舄，青气如云，有二青鸟如乌，夹侍母旁。下车，上迎拜，延母坐，请不死之药。母……因出桃七枚，母自啖二枚，与帝五枚。帝留核着前。王母问曰："用此何为？"上曰："此桃美，欲种之。"母笑曰："此桃三千年一著子，非下土所植也。"留至五更，谈语世事，而不肯言鬼神，肃然便去。东方朔于朱鸟牖中窥母，母谓帝曰："此儿好作罪过，疏妄无赖，久被斥退，不得还天；然原心无恶，寻当得还。帝善遇之。"母既去，上惆怅良久。①

东方朔是个令后世人关注的热点人物，不少人给他写了外传、别传。褚少孙补《史记·滑稽列传》说他"徒用所赐钱帛，取少妇于长安中妇女。率取妇一岁所者即弃去，更取妇。所赐钱财尽索之于女子。人主左右诸郎半呼之'狂人'"。同样，李商隐也对他饶有兴趣，在自己的诗中多次言及他，如"瑶池归梦碧桃闲""王母不来方朔去""玉桃偷得怜方朔""惟应碧桃下，方朔是狂夫"等。李商隐之所以对东方朔感兴趣，恐怕主要在于他"狂"，敢偷窃仙桃，敢偷窥王母。而诗中所谓"偷桃"的"桃"已经不再仅只是仙桃，而是"桃之夭夭，灼灼其华"的女冠。《诗经·周南·桃夭》云："桃之夭夭，灼灼其华。之子于归，宜其室家。"正如清方玉润所说，是"取其（桃）色以喻之子"。这是中国文学第一次以桃花比喻女性。唐人也继承了这一传统，如"可怜瑶台树，灼灼佳人姿"

---

① 鲁迅：《鲁迅全集·古小说钩沉》第八卷，人民文学出版社，1973，第462~464页。

（陈子昂《感遇》）、"君不见红闺少女端正时，夭夭桃李仙容姿"（王諲《后庭怨》）、"奈何夭桃色，坐叹葑菲诗"（李白《古风》）、"酡颜一笑夭桃绽，清吟数声寒玉哀"（白居易《舒员外游香山寺数日不归兼辱尺书大夸胜事时正值坐衙虑囚之际走笔题长句以赠之》）等。李商隐自己诗中也用以喻人，如《石榴》"可羡瑶池碧桃树，碧桃红颊一千年"、《咏桃》"酥胸酣暖日，玉脸笑春风"，由此可以断定，李商隐的"偷桃"，正是追求女冠宋华阳之谓也。

首句中的"窃药"，自然使用的是《淮南子》中"羿请不死之药于西王母，姮娥窃以奔月"的典故，高诱解释说"姮娥，羿妻。羿请不死之药于西王母，未及服之，姮娥盗食之，得仙，奔入月中，为月精也"[1]。那么，窃药就是羽化登仙的意思。后面的"十二城""玉楼"均指道观，"彩蟾"以传说月中有蟾蜍而代指月亮，此处则喻宋华阳。抛开这些典故的含义，便可以知道整首诗说的是

> 追求女冠与羽化登仙二者不可得兼，
> 高高的道观锁住了娇艳的女冠。
> 我本应与三姊妹共赏这美好的夜色，
> 怎奈那水晶帘把彼此隔在了两边。

虽然"水晶帘"亦即道界的山规将一对有情人无情地分割开来，但人生的初恋却形成了刻骨铭心的情结，令诗人终生无法摆脱，时时或隐或现地流露于他的诗中。

四

《无题四首》便包孕着李商隐与宋华阳初恋的隐情。

这套组诗，冯浩虽解释诗旨有误，但把它们看作同时同地所作的整体是正确的，只是断为大中三年（849年）李三十七岁时作有问题。其实根据组诗的第四首可以大致判断出它们的创作时间，诗云：

---

[1]　张双棣：《淮南子校释》卷六，北京大学出版社，1997，第710页。

何处哀筝随急管，樱花永巷垂杨岸。

东家老女嫁不售，白日当天三月半。

溧阳公主年十四，清明暖后同墙看。

归来展转到五更，梁间燕子闻长叹。

是诗以隐晦的语言写重逢宋华阳之事，阔别重逢，已是徐娘半老，所以称其为尚未嫁出的"东家老女"。"东家"一词源自宋玉的《登徒子好色赋》，该赋说："天下之佳人莫若楚国，楚国之丽者莫若臣里，臣里之美者莫若臣东家之子。东家之子，增之一分则太长，减之一分则太短；著粉则太白，施朱则太赤；眉如翠羽，肌如白雪；腰如束素，齿如含贝；嫣然一笑，惑阳城，迷下蔡。"李商隐与宋华阳都在玉阳山，所住道观不同，故可称为邻居；加上初恋中的情人绝对是天下最漂亮的姑娘，以倾国倾城的"东家之子"称之最为确当。接着回想起当年的她，豆蔻年华，尚未及笄，所以称其为"溧阳公主"。这一名号不过是借指他初恋时心目中的"公主"，冯浩注释说"按'年十四'，史文未见"[1]，还说这位"溧阳公主"是比喻令狐绹，难道令狐绹芳龄十四吗？其实李商隐说的是当年意中人宋华阳的年龄，史籍上如何能找出根据！李重逢的宋华阳年方几何呢？谜底尽在"嫁不售"中，刘向《列女传》说："钟离春者，齐无盐邑之女，宣王之正后也。其为人极丑无双……行年四十，无所容入，衒嫁不售。"[2] 这就暗示而今的宋华阳已值不惑之年。那么，李商隐重逢宋华阳已是分别二十六年之后的事了。他曾自言"弱龄""早岁"上山学道，十七岁下山，投天平军节度使令狐楚幕下。由此可以推断，这套组诗当作于李商隐四十一二岁时，其时他夫人王氏已经辞世两三年了。而创作的地点则是在梓州，其时他于王氏死后到东川节度使柳仲郢手下作书记。柳仲郢看到他孤独一人，生活得可怜，便欲将乐籍中的一个叫张懿仙的"妙妓"赐给他做妾，他似乎本能地想起当年的初恋，在婉言谢绝的《上河东公启》中说"兼之早岁，志在玄门，及到此都，更敦夙契。自安衰薄，微得端倪。至于南国妖姬，丛台妙妓，虽有涉於篇什，实不接于风流""志在玄

---

① 冯浩：《玉溪生诗集笺注》卷二，第388页。

② 张敬：《列女传今注今译》卷六，台湾商务印书馆，1994，第239页。

门"者，真正的内涵恐怕是志在玄门的宋华阳；"不接于风流"云云，大约是比较了宋华阳与张懿仙之后得出的结论——谁也取代不了他初恋时心仪的"公主"！由此可以推断：《无题四首》就是他遇到宋华阳二十六年后对往事的追忆。

李商隐与王氏结为秦晋之好多半是处于仕途的考虑，与柳枝有湔裙之约仅是昙花一现，与宋华阳之遇的一段情却使他终生排遣不开，拂拭不去。《无题四首》的第一首回忆二人当年的幽会未成：

> 来是空言去绝踪，月斜楼上五更钟。
> 梦为远别啼难唤，书被催成墨未浓。
> 蜡照半笼金翡翠，麝熏微度绣芙蓉。
> 刘郎已恨蓬山远，更隔蓬山一万重！

本来说好了要来赴约，可不知为什么别后就不见了你的踪影，只有我空望着楼头的斜月，倾听着五更的寂寞钟声。做梦时总是梦到因为阔别哭泣得难以叫醒，梦醒时马上就给你写信，等不及把墨磨得黑浓。昏暗的烛光映照着屏风上描金的翡翠鸟，麝香飘过帏帐上绣着的并蒂芙蓉——那是永世难忘的情景！可惜一切真的成了梦，本来你在的道界蓬山已经远不可及，如今你我之间更是隔着蓬山一万重！诗中的"刘郎""蓬山"二典毫无疑义地表明诗为思念宋华阳而作。"蓬山"就是《山海经·海内北经》所记载的"蓬莱山"，是传说中的仙山之一，《后汉书·窦融列传》附《窦章列传》（卷五十三）说："是时学者称东观为老氏藏室，道家蓬莱山。"这里便是用来比喻道界。"刘郎"即刘晨，《幽明录》卷一载有刘晨遇仙的故事，说汉明帝永平五年（62）刘晨、阮肇入天台山迷了路，后来遇到仙女。仙女纳二人为婿，留在山中。半年后，刘晨、阮肇被恩准还乡，而世上已是东晋太元八年（383）。李商隐正是以"刘郎"自喻，说自己遇到宋华阳就是遇到了仙女，而仙女高居道界，自己对她是永远的可望而不可即。

组诗的第三首回忆的是当年二人的幽会：

> 含情春晼晚，暂见夜阑干。
> 楼响将登怯，帘烘欲过难。

多羞钗上燕，真愧镜中鸾。

归去横塘晓，华星送宝鞍。

　　冯浩解此诗最为离奇，他说："上四句言彻夜候见，而终不得深浃；五六自叹自愧；结则言惟遣骑送归，蒙其虚礼而已。"[1] 李商隐跑去傻傻地候见令狐绹，还戴着"钗上燕"、照着"镜中鸾"，不是有点儿滑天下之大稽吗？实际上诗写二人阳台之会时紧张与腼腆的心理：在一个暮春时节的日子，我含情脉脉地出现在迷茫的夜色中。将要登上她的小楼，心里禁不住一阵乱扑腾；看着明晃晃的门帘，我内心忐忑得无法形容。她头上的燕钗仿佛和她一样娇羞无比，她房中的鸾镜也嫉妒我们的鱼水情浓。路经横塘归去时天色已经破晓，启明星一路伴着我行色匆匆。连同前面已经剖析的第二首，《无题四首》是一个整体。各首写的都是存留于他初恋中的一些断片，分明是在昭示李商隐初恋的隐情。

五

　　"春心莫共花争发，一寸相思一寸灰"：春花绽放，会给人带来春天的浪漫与生命的精彩，但是春情的迸发有时却令人肝肠寸断，心冷如灰，这是李商隐初恋时刻骨的情感体验，是他个人的私密和隐情，因为不便于公开而直露地说出，才故意写得隐约迷离。为了达到这一目的，他采用了獭祭鱼的表现手法，在诗中使用了大量的典故。同时，他既有传统儒学的功底，又有"志在玄门"的学道经历，又不乏寂灭空无的佛门意识，三教交融的理趣、意象深刻影响了他的诗歌话语。这就不可避免地造成其诗的多义性、象征性和朦胧性。但是，抓住了其人念念不忘的初恋隐情这把钥匙，似乎可以破解他不少诗作的哑谜。

　　比如他的《锦瑟》，几乎是最令后人伤透脑筋的一诗：

锦瑟无端五十弦，一弦一柱思华年。

---

[1] 冯浩：《玉溪生诗集笺注》卷二，第389页。

> 庄生晓梦迷蝴蝶，望帝春心托杜鹃。
>
> 沧海月明珠有泪，蓝田日暖玉生烟。
>
> 此情可待成追忆，只是当时已惘然。

这首七律，金人元遗山吟后慨叹："望帝春心托杜鹃，佳人锦瑟怨华年。诗家总爱西昆好，独恨无人作郑笺。"（《论诗绝句》其十二）清人王渔洋读完后也是叫苦："獭祭曾惊博奥殚，一篇锦瑟解人难。"（《戏仿元遗山论诗三十二绝》其十一）今人叶嘉莹研究后则声称："信有姮娥偏耐冷，休从宋玉觅微辞。千年沧海遗珠泪，未许人笺锦瑟诗。"（《读义山诗》）自北宋刘攽以迄当今之世，诠释其诗者近百余家，说法五花八门，各树一帜。诸如"悼亡"说、"令狐楚家青衣"说、"咏瑟"说、"自伤"说、"诗序"说、"无端的惘然"说等，言人人殊，莫衷一是。其实这首诗尾联的一个"情"字已经透露出诗忆初恋的信息。他见锦瑟而起兴，由锦瑟演奏出的乐曲回想起青春时一段刻骨铭心的恋情。情窦初开时的恋情往往是迷失自我的，它常常如水泡烟痕似的转瞬即逝，然而又令人终身难忘，尽管有些甜蜜，更多的却是酸楚和感伤。这首诗的颔联与颈联一连运用庄周梦蝶、望帝啼鹃、鲛人泣珠等几个典故营构出的朦胧意境，恰恰突显了初恋的这些特征，只不过表现得更加迷离隐约而已，正如戴叔伦所言："诗家之景，如蓝田日暖，良玉生烟，可望而不可置于眉睫之前也。"[1] 尾联二句更是将不管是当初还是事后，一生一世都使人怅惘的初恋情怀形诸笔端。

再如《无题二首》：

其一：

> 昨夜星辰昨夜风，画楼西畔桂堂东。
>
> 身无彩凤双飞翼，心有灵犀一点通。
>
> 隔座送钩春酒暖，分曹射覆蜡灯红。
>
> 嗟余听鼓应官去，走马兰台类转蓬。

---

[1] 郭绍虞：《诗品集解》，人民文学出版社，1963，第52页。

其二：

> 闻道阊门萼绿华，昔年相望抵天涯。
> 岂知一夜秦楼客，偷看吴王苑内花。

这两首诗当作于同时。冯浩笺曰："赵臣瑗《山满楼唐诗七律笺注》曰：'此义山在王茂元家，窃窥其闺人而为之。或云在令狐相公家者，非也。观次首绝句，固自写供招矣，又何疑焉。'浩曰：自来解'无题'诸诗者，或谓其皆属寓言，或谓其尽赋本事，各有偏见，互持莫决。余细读全集，乃知实有寄托者多，直作艳情者少，夹杂不分，令人迷乱耳。此二篇定属艳情，因窥见后房姬妾而作，得无其中有吴人耶？赵笺大意良是，他人苦将上首穿凿，不知下首明道破矣。《鼓吹》合诸'无题诗'而计数编之，全失本来意味，可大噱也。又曰'秦楼客'，自谓婿于王氏也。但义山两为秘省房中官：一在开成四年（839 年），是年即出尉弘农；一在会昌二年（842 年）。而王茂元于武宗即位初由泾原入朝，会昌元年出镇陈许，则踪迹皆不细合矣。或茂元在镇，更有家在京，或系王氏之亲戚，而义山居停于此，颇可与《街西池馆》及《可叹》等篇参悟，亦大伤轻薄矣。"[1] 赵、冯二人把这两首诗解作"艳情"，良是。但硬指李商隐"窃窥"王茂元家的"闺人"，则大谬不然。今人大抵沿袭了赵臣瑗的误读，并且具体解释说"闺人"即王茂元的小女儿。

的确如赵、冯所说，第二首绝句为前首七律的"供招"，正确诠释了第二首七绝，就可以明了第一首七律的意蕴。七绝中的"阊门"，并非苏州或扬州的西门，而是天门的意思。《离骚》"吾令帝阍开关兮，倚阊阖而望予"，王逸注谓"阊阖，天门也"，阊门即阊阖。"萼绿华"，又作"鄂绿华"，是道教中传说的女仙。南朝陶弘景《真诰》载云："萼绿华者，自云是南山人，不知是何山也。女子年可二十上下，青衣，颜色绝整，以升平三年十一月十日夜降……访问此人，云是九嶷山中得道女罗郁也。……此女已九百岁矣。"[2] 李

---

① 冯浩：《玉溪生诗集笺注》卷二，第 135～136 页。

② 〔日〕吉川忠夫、麦谷邦夫：《真诰校注》，朱越利译，中国社会科学出版社，2006，第 1～2 页。

商隐在诗中写萼绿华，与其《重过圣女祠》的"萼绿华来无定所，杜兰香去未移时"一样，是用来喻指他所暗恋的女冠。"秦楼客"并非冯浩所注的"自谓婿于王氏也"，而是以《列仙传》所载萧史、弄玉恋爱成仙故事中的萧史自比。秦楼是秦穆公为女儿弄玉修筑的凤台，萧史娶弄玉犹如入赘的女婿，因此可以称之以"客"。

"吴王苑内花"是指勾践送给吴王夫差的越女西施，这里以喻他期盼的萼绿华似的女冠。全诗的意思：听说天门里住着个仙女萼绿华，从前我一直暗恋她，哪怕是人在天涯。谁会知道我这个有心凤求凰的秦楼过客，竟然在一次夜里亲眼看到了西施一样的道界奇葩。

李商隐有两首诗可以与《无题》的七绝相参，即

> 相思树上合欢枝，紫凤青鸾共羽仪。
> 肠断秦台吹管客，日西春尽到来迟。
>
> （《相思》）
>
> 东南一望日中乌，欲逐羲和去得无。
> 且向秦楼棠树下，每朝先觅照罗敷。
>
> （《东南》）

前一首有人解作悼亡诗，似乎因为有"肠断"二字，但此二字并非仅仅用于所爱之人亡故的场合，极言别离的痛苦时也可以这样说，如《乐府诗集》所收的《子夜歌》："别后涕流连，相思情悲满。忆子腹糜烂，肝肠尺寸断。"李商隐《对雪》（其二）写"时欲之东"时也说"关河冻合东西路，肠断斑骓送陆郎"。后一首"东南一望"有人解作是李商隐自泾州遥望长安的王家小姐，王茂元在泾州，其女在长安，史料上并无此项载记。其实"东南"用的就是古诗《陌上桑》"日出东南隅，照我秦氏楼"句意，"东南"是"东南隅"之略，仅指日出的方向而已。为了凑合思念王小姐而解成泾州望长安，还特别把王小姐安排在东南方向的长安，太过于勉强。前首诗的"秦台吹管客"就是《无题》七绝中的"秦楼客"，后首诗不过以"罗敷女"置换了"萼绿华""西施"而已。所谓"偷看"云云，正蕴含着《玉山》"闻道神仙有才子，赤箫吹罢好相携"之意。

既然《无题》七绝是怀念女冠宋华阳的，那么前一首七律自然也当作此解。全诗意谓：想起当年初次见到宋华阳的情景还宛如昨天晚上似的，历历如在眼前。你如星辰一般炫人眼目，如春风一般拂煦。彼此虽然没有比翼双飞的翅膀，可你我的心灵却息息相通。看着周围灯红酒绿下送钩射覆的热闹场面，我更加深了对你的怀念。拂晓的更鼓又敲响了，可叹我还得像旋转的蓬草似的赶着去上朝。

由《无题二首》可以想见，初恋给李商隐的心灵造成了何等深刻的撞击。不管在何时何地，哪怕是酒宴间、旅途上或者在京师、在地方，"一寸相思一寸灰"的初恋情结都像梦魇一样始终盘绕在他的心头。他的不少诗作，诸如《日高》《牡丹》《海上》《和友人戏赠二首》《圣女祠》《离思》《鸾凤》《玉山》《重过圣女祠》《促漏》《无题（相见时难别亦难）》《无题（紫府仙人号宝灯）》《昨日》《一片》《辛未七夕》《无题二首（凤尾香罗薄几重）》《即日》《访秋》《九成宫》《碧城三首》《石榴》《无题（白道萦回入目霞）》《春雨》《圣祠》《银河吹笙》《水天闲话旧事》《中元作》《流莺》《嫦娥》《当句有对》《月》《城外》等大都可以做如是观做如是解。

六

李商隐的诗歌在他活着的时候就受到一些诗人的重视。宋人蔡居厚在他的《蔡宽夫诗话》中记载了李商隐的一件轶事，说："白乐天晚极喜李义山诗文，尝谓我死得为尔子足矣。义山生子，遂以'白老'字之，既长，略无文性。温庭筠尝戏之曰：'以尔为乐天后身，不亦忝乎？'"[1] 愿意死后托生为李商隐的儿子，简直视李为诗家泰斗了。这也许是个传说，但从侧面说明白居易对这个诗坛后生是刮目相看的。宋初诗坛最大的诗歌流派西昆体直接承袭了李商隐的诗风，风靡了数十年之久。其余风甚至波及清代的诗坛，钱谦益、吴伟业、王闿运，以及光宣之际的湘鄂诗人、江南诗人等无不受其影响。今人编撰的《唐诗排行榜》一书，编者采用诗作

---

① 胡仔：《苕溪渔隐丛话》前集，卷二十二，人民文学出版社，1962，第148页。

出现频率、诗集入选频率、被评价频率等多种参数叠加最后计算其和的方式来排位，在评出的前一百首诗作中，李商隐的就有六首：《夜雨寄北》《锦瑟》《马嵬（海外徒闻更九州）》《隋宫》《无题（相见时难别亦难）》《贾生》。作者排名李商隐在杜甫、王维、李白之后，居第四位。

耐人寻味的是七律《马嵬（海外徒闻更九州）》：

> 海外徒闻更九州，他生未卜此生休。
> 空闻虎旅传宵柝，无复鸡人报晓筹。
> 此日六军同驻马，当时七夕笑牵牛。
> 如何四纪为天子，不及卢家有莫愁？

这本来是一首咏史诗，专门针对李隆基与杨玉环事抒发自己的感慨。《旧唐书·杨贵妃传》记载此事道："安禄山叛，潼关失守，从幸至马嵬。禁军大将陈玄礼密启太子诛国忠父子，既而四军不散，曰'贼本尚在'。指贵妃也。帝不获已，与贵妃诀，遂缢死于佛室，时年三十八。"李、杨二人曾像白居易在《长恨歌》中写道的那样："七月七日长生殿，夜半无人私语时。在天愿作比翼鸟，在地愿为连理枝。"但是，到了生死存亡关头，李隆基却违背了比翼连理的誓言，造成了"宛转蛾眉马前死"的悲惨结局。李商隐嘲笑这位当了半辈子的皇帝竟然赶不上平民百姓老卢家：老卢家还能保护莫愁女过幸福日子，他堂堂一个君主却不得不赐死自己的爱妃杨玉环。此诗曾被清人吴乔誉为"一代杰作"①，不过，给人印象最为深刻的倒是首联，清何焯说它"才如江海"②，吴乔说它"势如危峰矗天，当面崛起，唐诗中所少者"③，而宋范温《潜溪诗眼》则褒扬道："语既亲切高雅，故不用愁怨、堕泪等字，而闻者为之深悲。"④ 虽然两句表面上没有"愁怨""堕泪"等悲伤的字样，但其中却积淀着作者个人特殊的情感体验，亦即沉积在他心底的"一寸相思一寸灰"的初恋情结。或许他在李、杨身上找到了自我关照，把他初恋的失落与绝望融进其中，所以含蕴一种

---

① 吴乔：《围炉诗话》，续修四库全书，集部卷一，上海古籍出版社，2002，第591页。
② 何焯：《义门读书记》下册，中华书局，1987，第1255页。
③ 吴乔：《围炉诗话》，续修四库全书，集部卷一，第591页。
④ 胡仔：《苕溪渔隐丛话》前集，卷二十二，第148页。

"他生未卜此生休"的大悲吧。后世人在吟咏《马嵬》这首诗时，有时会忘记了皇帝与妃子的悲剧，只是在首联上盘桓反复，沉吟不已，似乎正是李商隐的大悲无声拨动了读者的心弦。

尽管"一寸相思一寸灰"，可仍旧是"春蚕到死丝方尽，蜡炬成灰泪始干"，这就是不可复制的李商隐。

For Whom Li Shangyin's Love Is

Sun Donglin

Abstract：Li Shangyin's untitled poems are always regarded as puzzles. Based on his life experience, especially his learning of Taoism in Yuyang and his emotional experience, this paper focuses on his four - untitled poems which is viewed as an indispensable collection. Taking some Yu Xisheng's related poems as references, it discusses the topic——Must human hearts blossom in spring, like all other flowers? And of even this bright flame of love, shall there be only a-shes? ——from his writing habits, adapting allusions and writing expressions. Through the thorough study, the paper finally proves that these four - untitled po-ems are not some implied fables but the poet's secret reveal of his first love, and it further points out that The Gorgeous Zither and his two - untitled poems have the same connotation.

Key Words：Li Shangyin；Untitled Poems；Blooming Heart in Spring；First Love

关于儒家"和"文化内涵的
认识与发展

林海峰*

【摘要】儒家"和"文化是中国传统文化的精华部分。儒家"尚中贵和"思想包含了人与自然、人与社会以及人自身等维度的和谐、和睦价值理念。重新梳理儒家"和"文化的重要论述，借以进一步明晰儒家"和"文化内涵，对弘扬传统文化精华不无裨益。与此同时，深入剖析儒家"和"文化的外在价值并赋予其现代的新阐释也是发展儒家"和"文化内涵的有效途径，可以为构建社会主义和谐社会、培育符合现代社会需要的理想人格提供传统文化借鉴。

【关键词】儒家 "和"文化 天人合一 君子人格 社会和谐

通常认为，追求和谐、和睦是儒家的基本价值理念。① 那么，以"和谐、和睦"作为基本价值理念的儒家"和"文化内涵是如何的？如果对该问题没有一个比较深刻的认识，贸然谈儒家"和"文化就会像雾里看花一样朦胧。当前，很多人对儒学的现代转型与复兴表现出极大的热情，认为"儒学博大精深的思想体系对我们现代的教育、伦理、科学、文化诸方面都有着借鉴和指导意义，对中国与世界，社会的过去、现在与未来，都提供了丰富的思想资源"。特别是在构建社会主义和谐社会语境下，有学者认为"'仁者爱人'是社会和谐的道德原则，'忠恕之道'是社会

---

* 林海峰，阳江职业技术学院讲师，广西师范大学博士研究生，北京大学访问学者。
① 方国根：《"儒家思想与跨文化交流"国际学术研讨会综述》，《哲学研究》2007年第3期，第124页。

和谐的具体途径，'和而不同'是社会和谐的存在形态，儒家思想有利于促进社会和谐。坚信儒家思想有促进世界和平、提升人类道德素质、促进中国统一等功能"。但是，也有学者指出，"对儒学和谐社会思想要给予冷静的思考和评价"，"儒家文化在构建和谐社会的实际过程中能否真正发挥作用，仍有待验证"。原因是传统儒家提倡的"和谐社会"与当代中国构建的"和谐社会"有本质的不同，同时两者的实践基础和主体也完全不一样。

对此，我们应该持何种态度？毛泽东的一段论述也许是一种很好的指引性回答，他说："中国的长期封建社会中，创造了灿烂的古代文化。清理古代文化的发展过程，剔除其封建性的糟粕，吸收其民主性的精华，是发展民族新文化、提高民族自信心的必要条件。"①因此，在肯定儒家传统"和"文化应有价值的同时，对其做出现代阐释才是我们应持的基本态度。然而，怎样对历史悠久的儒家"和"文化进行现代阐释？这正是拙文下述要探讨的主题之一。

一 儒家"和"文化内涵的多维解读

关于儒家的"和"文化内涵，通常认为儒家的"和"主要体现为中正、中和、均衡、和合、协调等意蕴。事实上，儒家的"和"并非否认矛盾与冲突，而是在承认有矛盾有差别的基础上的"和"，是"和而不同""求同存异"，是强调矛盾的统一与均衡，是多样性的统一。儒家"尚中贵和"体现了"和"在整个儒家学说体系中的突出地位和作用，"和"不仅是儒家学说的重要内容，而且是儒家看待世界及社会的重要方法论，反映了儒家关于人与自然、人与社会以及人自身三重维度的解释原则和要求，从这个角度出发，"和"就是儒家解释宇宙以及人类社会发展的理论基石之一。

在人与自然的关系上，儒家倡导"天人合一""天行有常""物生有两"的"物和"理念。实质上，"天人合一""天行有常""物生有两"分

---

① 《毛泽东选集》（第2卷），人民出版社，1991，第707～708页。

别是儒家认识人与自然世界关系的三种方式。首先，"天人合一"观主张心、性、宇宙之间的相互联系、天人一体，是联系地看待人与自然的精练表达。其中孟子的"性天同一"说认为"尽其心者，知其性也；知其性，则知天矣"（《孟子·尽心上》），阐明了人性与天道统一的道理。《中庸》发挥了"性天同一"说，提出"能尽其性，则能尽人之性；能尽人之性，则能尽物之性；能尽物之性，则可以赞天地之化育；可以赞天地之化育，则可以与天地参矣"。荀子则曰："天地生君子，君子理天地。君子者，天地之参也。"（《荀子·王制》）至汉代董仲舒提出了"天人之际，合而为一"（《春秋繁露·深察名号》）及其后张载的"性与天道合一存乎诚"（《正蒙·诚明篇》），"因明致诚，因诚致明，故天人合一"（《正蒙·乾称》），二程的"仁者以天地万物为一体""天地人只一道也，才通其一，则余皆通"（程颐、程颢《遗书》卷二上）等均主张人与自然浑然一体，互相联系、依存的关系，这与王阳明"物物相依"的命题思想也有相同之处。其次，人与自然关系上的"天行有常"观强调了两者之间互动的合规律性。儒家对"天行有常"进行了许多阐发，孔子云："道之将行也与，命也；道之将废也与，命也。"（《论语·宪问》）这里的"命"就是事物的客观规律性。孟子曰："顺天者存，逆天者亡"（《孟子·离娄上》），荀子也说："天行有常，不为尧存，不为桀亡。应之以治则吉，应之以乱则凶。""天有常道矣，地有常数矣"（《荀子·天论》），这说明，只有尊重自然规律行事，效法天地的生生之德，促使万物生生不息，天人协调，才能使人类社会与天地万物融合为一个和谐有序的整体。但是，儒家在承认"天行有常"的同时也掺进了一些精神因素，即使无神论者王充也认为"人禀气而生，含气而长，得贵则贵，得贱则贱"（《论衡·命义》）。近代谭嗣同的"以太"说、孙中山的"生元"说仍然隐含着精神与物质互渗现象。最后，"物生有两"是儒家看待人与自然关系的一种辩证态度。在儒家看来，自然界事物内部存在着矛盾双方，孔子称为"两端"，孔子说："吾有知乎哉！无知也。有鄙夫问于我，空空如也，我即扣两端而竭焉。"（《论语·子罕》）荀子发展"扣两端"思想，提出了"万物同宇而异体"（《荀子·富国》），还从"明于天人之分"（《荀子·天论》）出发，做出了"天下有二"（《荀子·解蔽》）的论断。此后，朱熹又对张载"一物两体"

（《正蒙·参两》）、二程"万物莫不有对"（《明道学案》上）的命题进行批判改造，阐述了"理一分殊"的思想，提出了"天地万物之理，无独必有对"（《朱子语类》卷六十二）、"一分为二"（《朱子语类》卷六十七）的命题，至明代方以智提出的"合二为一"命题，使中国古代辩证法思想形成了比较完整的理论体系。

在人与社会的关系上，儒家倡导"天下为公""民为邦本"的"人和"理念。"天下为公"出自《礼记·礼运》篇，曰"大道之行也，天下为公，选贤与能，讲信修睦。故人不独亲其亲，不独子其子，使老有所终，壮有所用，幼有所长，鳏、寡、孤、独、废疾者皆有所养。男有分，女有归。货恶其弃于地也，不必藏于己；力恶其不出于身也，不必为己。是故谋闭而不兴，盗窃乱贼而不作，故外户而不闭。是谓大同"。不难看出，"天下为公"思想总的来说是要以公义战胜私欲，如果个人利益与国家利益发生冲突，要自觉舍弃个人小利以求国家大利。强调人们对社会、对国家、对民族的责任和义务。延伸至经济伦理层面，儒家强调"见利思义"、公正分配社会财富。孔子说："不患寡而患不均，不患贫而患不安。盖均无贫，和无寡，安无倾。"（《论语·季氏》）孟子主张："穷则独善其身，达则兼济天下。"（《孟子·尽心上》）首次提出了"达济穷"的思想。延伸至政治伦理层面，儒家强调"民为邦本""天以民为心"。孔子认为"老者安之，朋友信之，少者怀之"（《论语·雍也》）的社会才是值得向往的理想社会。孟子想通过施行"仁政"来建设这种"王道"社会，使民有恒产；设立学校以教之；减轻徭役和赋税使民富之，使万民不受冻馁；使士、农、工、商皆乐于自己从事的职业。和孟子一样，荀子追求的也是"王道"社会，他也主张通过教育来改造人性，使人从善而合乎"礼义"的规定，爱民富民，刑政平和，百姓和谐，使之进入"王道"社会的理想境界。自孔子以降，"民本"思想被看作儒家学说的重要组成部分予以阐发。值得一提的是大儒朱熹和陈亮虽然诸多观点存在相左之处，但在"民为邦本"的理解上却高度一致。朱熹曰："盖国以民为本，社稷亦为民而立，而君之尊，又系于二者之存亡，故其轻重如此。……诸侯无道，将使社稷为人所灭，则当更立贤君。"（《四书章句·孟子集注卷十四》）陈亮则言："夫天下之事，孰有大于人心之与民命者乎？"（《陈亮集·卷十四》）至明清，顾炎武、黄宗羲、王夫之对秦汉以降的民本思想进行了理论深化，特别是王夫之"以天下论者，必循天下之公，天下非一姓之私也"（《读通鉴论·卷末叙论一》）的观点对反对专制主义、特权阶层、裙带关系等有重要的当代价值。

在人自身关系上，儒家倡导"仁义"人格修养的"己和"理念。备受儒家推崇的理想人格境界，乃是"至仁至义"的圣人人格、"大仁大义"的贤人人格、"厚仁厚义"的士大夫人格，这些被统称为具有仁义道德的君子人格。在《论语》里，"君子"与"仁"相提并论，是出现频率最高的两个核心范畴。孔子曰："君子喻于义，小人喻于利。"（《论语·里仁》）阐明了君子"以义为上"的义利价值观。孔子又说："仁者人也，亲亲为大，义者宜也，尊贤为大。"（《中庸·二十章》）孟子也说："仁，人之安宅也，义，人之正路也。"（《孟子·离娄上》）儒家所说的"仁"，是指一个人要爱人，要与他人融洽和谐相处，成人成己；所谓"义"，就是要遵循宗法社会的尊卑秩序，要求人的行为价值取向要与社会融洽调和。由此可以看出，儒家的"仁"和"义"原本就是理想人格范畴。儒家视"仁义"为人格的最高范畴，也是最核心的范畴，没有"仁义"就不称其为人。儒家如何养成"仁义"的理想人格？孟子就把"修养"叫作存养；宋明时期一般又称作"涵养"，包括养心、存心、正心、诚意等道德修养方法。儒家理想人格修养遵循由内到外的修炼，由格物、致知、自省的内省达到自我认识；由修身、正己、自强的内化达到自我完善；由躬行、自律、慎独的外化达到自我实现。孔子的"三军可夺帅也，匹夫不可夺志也"（《论语·子罕》），孟子的"富贵不能淫，贫贱不能移，威武不能屈"（《孟子·滕文公下》）、"士，穷不失义，达不离道"（《孟子·尽心上》）都体现了儒家"仁义"理想人格修养的要求。不仅如此，儒家还主张把人本有的善端推广开去，做到"老吾老以及人之老，幼吾幼以及人之幼"（《孟子·梁惠王上》），强调"人无礼，则不生；事无礼，则不成；国无礼，则不宁"（《荀子·修身篇》），希望通过"礼义"的教化改造人性"邪恶"，使之养成善的禀性，只有养成了"善"的人性，才能实现身心之"和"。

二 儒家"和"文化内涵的价值外化

儒家在人与自然、人与社会以及人自身维度所展现的"和"文化是实践过程中客体主体化的精神成果。在人类实践中，客体主体化与主体客体化总是表现为一个双向而不是单向的运动过程。文化何用？以文化人。文化所蕴含的价值是会通过一定的形式再次展现出来的，从而发挥认识世界和改造世界的指导作用，这个过程就是主体客体化的过程，也就是文化价值的"外化"过程。那么，儒家"和"文化内涵价值外化具体体现在哪些方面？从现实中看，儒家"和"文化热在现代，方兴未艾。无论是政治层面还是学术层面，对儒家"和"文化给予的关注都是有目共睹的。学者柳河东认为，儒家"和"文化在政治、经济、文化、社会、教育、宗教、国际事务、自然等八个方面发挥着重要的作用，如有助于回应执政党建设，中国市场经济发展，文化认同危机、信仰危机，应试教育偏弊，社会道德滑坡，构建和谐世界以及人与自然间的矛盾等问题。① 因此，从理论和现实看，儒家"和"文化内涵不仅具有外化的功能，而且还产生了时间和空间上的深远影响。对柳河东上述很有价值的认识本文不再赘述，但是，笔者还想从文化心理的角度对儒家"和"文化内涵的价值外化功能略补遗一二。

其一是塑造了"公天下"的政治文化心理。王浦劬教授认为，政治文化是政治关系心理和精神的反映，它是人们在社会政治生活中形成的对政治的感受、认识和道德习俗规范的复杂综合。② 因此，政治文化是政治心理的反映。"公天下"的政治文化说到底还是中国古代所尊崇的"公心公有"心理反映。中国古代的禅让制度被认为是"公心公有"心理的贤明政治制度体现，所以尧、舜也因此被后人广为景仰。儒家为什么会有这种心理反应？究其原因，这与儒家在社会生活中尊崇古代"公心公有"的心理不无关系，这种心理活动会反映在人的思想观念中并且沉淀下来形成一种

---

① 柳河东：《儒家"和文化"现代价值的展现》，和文化论——首届和文化高端论坛国际会议论文，2008。

② 王浦劬：《政治学基础》，北京大学出版社，1995，第307页。

个体与他人、社会交融互摄并以家族、国家、整体为重的政治文化。如果理解了这种政治文化的熏陶作用，那么对儒家一味强调"个人只是家族共同体和民族、国家实体中微小的组成部分"不仅不会感到大惊小怪，而且还会觉得合情合理。在现实中，这种政治文化不断地渗透在生活中就会形成一种强大的文化约束力：个人必须去私为公，履行自己对国家和民族的各项道德义务，做到临事不偏私、遇险不退缩，胸怀祖国、心系人民，只有这样才能得到国家和社会的认同。这种对国、对民、对社会的高度责任感，显然是儒家"天人合一"整体主义哲学观在社会领域的表现，是一种典型"公天下"的"和"文化心理，从某种意义上也构成了中国古代社会长治久安的独特文化黏合剂。

其二是激发了人的内在道德心理潜能。儒家的道德规范往往就是文化心理意义上的"期待行为"。儒家"和"文化内涵强调"仁者爱人"推及"泛爱众而亲仁"，这样，儒家就把道德规范通过文化的形式获得了行为的解释权。儒家不仅注重激发人的道德情感，让人知善、行善、爱善、向善、求善，从道德情感出发构建和谐的家、国秩序，尤其是儒家的"格物、致知、诚意、正心"和"修身、齐家、治国、平天下"道德理念，把认知事物、学习知识、道德修养的目标直接指向了管理社会、治理国家。如何通过修德臻于德政？孔子曰："道之以政，齐之以刑，民免而无耻；道之以德，齐之以礼，有耻且格。"（《论语·为政》）孟子也说，"以不忍人之心，行不忍人之政"（《孟子·公孙丑上》），把民众的修德和管理者的德政在一定程度上联系起来了，实现"为政以德，譬如北辰，居其所而众星共之"（《论语·为政》）的政治效果。不仅如此，在践行道德的过程中儒家还强调自教自律，主张按照道德的准则、要求进行行为的规范和调控，使之达到既定的德政目标，这也具有非常明显的规范性和方向性特征。在封建社会的政治力量推动下，儒家道德规范的社会期待性和社会规范性把人的道德心理潜能充分调动起来，人们只有消极地顺从传统，儒家道德规范就这样微妙地限制和控制了人们，以至于人们几乎没有丝毫的察觉，就像深海里的鱼儿一样，每一个人都浸泡在各自的文化环境中不能自拔，从而形成了一道坚不可摧的中国特有的"和贵"文化心理高墙，借以维系整个封建社会的森严等级秩序。

其三是引导道德主体努力形成理想人格。人格是文化心理的重要研究对象，人格的形成与文化心理有着密切的联系。然而，儒家道德修养的最终落脚点就是涵养人格，当然，这种人格是封建社会条件下的"人格"，并不能完全适用于现代人格修养。但是，儒家"和"文化既蕴含儒家的世界观也蕴含儒家的认识论，充满了为人处世的哲学道理，对孕育、形成符合社会需要的理想人格的影响最深入、最全面，是形成儒家理想人格的主要思想来源之一。人应当如何在"世"历来是儒家人格境界领域问题讨论的重点。在儒家看来，根据修养"功夫"的高低可把人格境界分为圣人、贤人、君子以及仁人、大丈夫、成人、小人等不同的层次序列，并赋予每一种人格以不同内涵。儒家"和"文化内涵中追求人格的"和"境界是其人格文化的最明显特征，儒家通过道德修养形成了关于塑造个体理想人格的道德认识、态度和情感，又通过大量、富有成效的道德修养如"洗心""养性""定性""寡欲""戒慎""穷理"等方法去检验这些认识、态度和情感是否符合既定的社会要求，如此往复，达到社会所要求的知、行统一理想人格目的。同时，儒家关于理想人格的论述还极具辩证性，例如，对义和利、理和欲、一和多等诸多问题，从不做简单的肯定或否定论断，也不轻易用概念进行框定，而是从人的实践出发，引导人的高尚精神需求，充满了中国人伦文化的终极情感关怀。

三　儒家"和"文化内涵的现代阐释

中国自古就有"苟日新、日日新、又日新"的说法。按照现在的解释就是要不断赋予符合社会需要的新阐释。如何对传统文化精华部分赋予现代的新阐释？"全盘西化""全面拒绝"等非此即彼的思维方式早已证明行不通，只有坚持马克思主义对儒家"和"文化进行深刻的辩证分析才能达到目的，具体就是要在个人与自然的和谐、个人与群体（他人、法人、拟人的公共、集体）的和谐、个人与自我的和谐维度中批判吸收儒家"和"文化精华，积极融进现代社会公民人格因素，努力做到既保持民族性，又增强时代感。目前，我们正在大力培育和弘扬社会主义核心价值观。诚然，社会主义核心价值观的文化认同离不开丰厚的传统文化基础。那么，我们当前亟须在儒家"和"文化内涵中融入什么样的现代公民人格因素呢？

第一，在"天人合一"思想中融入可持续发展意识。在人与自然关系上，儒家"天人合一"思想以君子顺从天意为原则。天道义理之"天"是儒家"天人合一"学说的主要内涵，为彰显道义之"天"的伟大，描绘了一个天与自然秩序井然，自然万物互生相长、协调和谐的"物和"图景。但儒家重知人而轻知物的价值导向，也必然使君子只能屈从于天意天道，君子人格的仁义道德就是指顺从于命运安排。服从天道天理就是儒家天人和谐的"物和"核心思想。显然，儒家"天人合一"的"物和"思想，对丰富现代理想人格理论很重要。当"天"被赋予自然界及其发展规律的内涵时，"天人合一"就蕴含人与自然和谐的现代意义。"从事实际活动的人"从最生动、最直接的求生存与发展的需要出发，不屈服于自然，利用一切有利因素、技术条件、生存能力和驾驭自然的道德情感理性，进行劳动生产创造，演绎寻求人与自然和谐的命运乐章，以实现回归自然，达到人与自然和谐的最高境界——天人合一。科学发展观、社会主义生态文明以及社会主义和谐文化都强调人与自然的可持续发展，实现人与自然的和谐相处、互为依存，从而建立一个具有现代意义的"天人合一"新架构，在这一架构下的现代理想人格境界是热爱自然、保护生态、节约资源、改善环境，不断创造丰富的物质精神产品，促进个人与自然的和谐发展。

第二，在"和而不同"思想中融入公民权利意识。任何人都处在一定的经济形态中，具体的生活环境和生产关系，对人的目的实现及其主体地位具有某种规定性，由此决定了人格的性质与和谐的状态。私有制社会不具备"作为目的本身的人类能力的发挥"[1] 条件，只有建立一个高度发达的经济形态，"在保证社会劳动生产力极高度发展的同时又保证每个生产者个人最全面的发展的这样一种经济形态"[2]，才能保障"人和"的实现，保证"每个人的自由发展是一切人的自由发展的条件"[3]。儒家没有强调人

---

① 《马克思恩格斯文集》（第7卷），人民出版社，2009，第929页。
② 《马克思恩格斯文集》（第3卷），第466页。
③ 《马克思恩格斯文集》（第2卷），第53页。

与人之间的利益分配关系对理想人格的决定性作用，回避了利益主体的生产分配关系的决定性作用。儒家的"人和"思想仅依赖"和而不同"的君子自我重人轻己、大公无私的道德良心来实现"人和"，这是不现实的。在社会主义初级阶段时期和社会主义市场经济这一特定历史条件下，需要强调以现实社会经济利益关系为基础，实现价值主体与生存环境相适应的理想状态。在社会主义和谐社会，处理人我关系的重要目标，是市场主体利益分配的公平。现时期社会主义核心价值导向，既强调个人履行维护国家利益和公共利益的义务，也强调保障个人及市场主体的应当利益，公权与私权同等保护，兼顾社会各方利益，平等互利、共同发展。因此，要在儒家"天下为公"的"人和"人格观念中，注入"法定的私就是公"的公私观，注入"为人为己、利人利己"的利益观。现时代的人我和谐，要从社会主义共同的理想信念出发，使为人民服务与追求自我的需求满足统一于生产劳动的价值创造与利益分配关系相符合的和谐状态，促进个人与群体（他人、法人、拟人的公共、集体）的和谐发展。

第三，在"君子人格"思想中融入社会批判意识。在处理人己关系上，君子以义统利为宗旨，儒家的"君子人格"教育思想，是在非功利层面上提出的，重在强调精神层面的自我历练。孔子的"君子喻于义，小人喻于利"思想，贯穿于中国封建社会处理义理与利欲的自我关系中，以传统的臣民意识、顺民意识来维系社会秩序的稳定。马克思主义理论品质在于产生对现实进行批判的精神力量，雅克·德里达（J. Jacques Derrida，1930～2004）曾指出，"人们必须接受马克思主义的遗产"，"求助于某种马克思主义的批判精神"①，在这里，雅克·德里达所说"马克思主义的遗产"主要是指马克思主义的批判精神。社会主义和谐社会是充满活力的社会，在批判现实的同时尊重与宽容利益主体自由的选择，既以儒家的宽容之心包容和尊重他人对生活方式的自由选择，也对"经济人"那种唯利是图的狭隘人格进行批判，超越在市场机制作用下拜物教束缚。在促进个体全面发展的过程中既重视内因的作用，也重视外因条件，不断提升精神境

---

① 〔法〕雅克·德里达：《马克思的幽灵》，何一译，中国人民大学出版社，1999，第78，122页。

界，涵养人格，让多样化的个性在社会各个领域的交往中相互激励，使社会关系和谐有序、充满活力。

Cognition and Development of the Connotation
of Confucian "Harmony" Culture

Lin Haifeng

Abstract：Confucian "Harmony" culture is the essence of Chinese traditional culture, which contains the harmonious value from multiple relationships between man and nature, man and society, and even man and himself. On the one hand, reviewing the important concepts of Confucian "Harmony" culture is beneficial to further explain its connotation and carry forward the essence of traditional culture. On the other hand, the thorough analysis of its external value with the modern new interpretation is the effective way to develop the connotation of Confucian "Harmony" culture, which can not only provide reference for cultivating the ideal personality to meet the needs of modern society, but also construct the harmonious society of socialism.

Key Words：Confucianism；"Harmony" Culture；Oneness；Gentleman Personality；Social Harmony

论《活着》的语言与作品
道家精神的统一

李　昂*

【摘要】迄今为止，《活着》仍然是余华最高水平的作品。从形式上看，这部小说的语言和叙事都具有一种简洁、朴素的特性。具体表现为民间化的常用语汇、简洁的句子结构、隐蔽的叙事技巧等。这些表象的背后，是余华写作观念的转变——余华在写作中声音的隐退，从而让作品中的人物发出自己的声音。这种观念的转变才是余华小说语言和叙事风格变化的根本原因。这也就能够很好地解释《活着》及其以后几部长篇小说风格的变化及水平高低的问题。《活着》的成功是由于其从语言、叙事到人物、故事，再到作品的深处都含蕴在中国传统哲学——道家精神中。从内到外三个层次达到了一种完美的和谐统一，并且只有这种统一才能带来高度的审美感受。

【关键词】《活着》　余华　语言　道家精神

2013 年 6 月，余华的新作《第七天》问世，距离上一部长篇小说《兄弟》已经间隔了七年。可惜的是，这部小说跟《兄弟》一样，都并未达到余华的《活着》曾经创下的高度。这两部小说的"失败"不禁使人重新思考《活着》所创下的辉煌，以及曾经以先锋姿态出世的作家转型后的出路。《活着》面世后，许多批评家敏锐地发现了余华文风的改变。余华褪掉了之前在语言上极尽雕琢的"冗繁"，留下极平实"清瘦"的语言。在

---

* 李昂，澳门大学现当代文学博士研究生。

叙事上，余华也改变了以前艺术化整合的策略，极力地削减了《活着》的叙事技巧。一时间，余华"简洁"的语言和"朴素"的叙事得到了赞赏，并被视为使其转型成功的主要原因之一。但随着余华的两部近作《兄弟》和《第七天》的面世，余华的语言和叙事虽然延续了《活着》的那种简洁、朴素的风格，但作品却未能企及《活着》的高度。这不能不使人重新思考，《活着》的成功是否简洁语言和朴素叙事的功效？摆脱了先锋姿态的余华，在语言和叙事上的新策略为何在《活着》中取得巨大的成功，而在《兄弟》和《第七天》中失效？本文将通过对《活着》语言特点和内在精神的分析得出答案。

一 从余华的声音到"福贵"声音

纵观余华的创作历程，可以发现，他的小说从《在细雨中呼喊》开始，有一个明显的写作策略上的变化，这个变化可以概括为从余华的声音到"福贵"的声音，当然这里的"福贵"泛指的是作品中的人物。这一点非常关键，为了让作品中的人物去主导叙事，这个人物的性格、知识水平就决定了小说的语言和叙事风格。从根本上看来，认识到了这一点才能够准确地解释余华小说的语言和叙事风格的转变的问题。从大的方向上看，余华的声音跟人物的声音必然十分不同，余华早前的创作具有一种精英的意识，他的语言和叙事也充满文学性和艺术性。转型后的小说中，余华笔下的人物基本都是小人物、平民，文化水平极低，为了让人物主导叙事，精英化、文学性的语言和技巧必然被取缔。但即使都是小人物，人物的性格、行为方式和知识水平的不同，也使得转型后余华的几部小说在语言和叙事风格上并不完全一致。如果单从语言和叙事的现象层面来看，未免抓不住余华的脉搏。因为余华并非从语言和叙事的技巧上实现转型，而是将语言和叙事作为一种整体的权利，赋予作品中的人物。正如余华在《我的写作经历》中谈到的，他在写作过程中逐渐认识到可以让人物自己发声，而自己退居为一个记录者：

"川端康成的影响，使我在一开始就注重叙述的细部，去发现和把握那些微妙的变化。这种叙述上的训练使我在后来的写作中尝尽了甜头，因为它是一部作品是否丰厚的关键。但是川端的影响也给我带来了麻烦，这十分内心化的写作，使我感到自己的灵魂越来越闭塞。这时候，也就是1986年，我读到了卡夫卡，卡夫卡在叙述形式上的随心所欲把我吓了一跳，我心想：原来小说还可以这样写。

卡夫卡是一位思想和情感都极为严谨的作家，而在叙述上又是彻底的自由主义者。在卡夫卡这里，我发现自由的叙述可以使思想和情感表达得更加充分。于是卡夫卡救了我，把我从川端康成的桎梏里解放了出来。与川端不一样，卡夫卡教会我的不是描述的方式，而是写作的方式。这一阶段我写下了《十八岁出门远行》《现实一种》《世事如烟》等一系列作品。应该说《十八岁出门远行》是我成功的第一部作品，在当时，很多作家和评论家认为它代表了新的文学形式，也就是后来所说的先锋文学。……到了九十年代，我的写作出现了变化，从三部长篇小说开始，它们是《在细雨中呼喊》《活着》《许三观卖血记》。有关这样的变化，批评家们已经议论得很多了，但是都和我的写作无关。应该说是叙述指引我写下了这样的作品，我写着写着突然发现人物有他们自己的声音，这是令我惊喜的发现，而且是在写作过程中发现的。在此之前我不认为人物有自己的声音，我粗暴地认为人物都是作者意图的符号，当我发现人物自己的声音以后，我就不再是一个发号施令的叙述者，我成了一个感同身受的记录者，这样的写作十分美好，因为我时常能够听到人物自身的发言，他们自己说出来的话比我要让他们说更加确切和美妙。"①

在上面这段话中余华自己提到了三部长篇小说，而事实上在这篇文章之后创作的另外两部小说《兄弟》和《第七天》中，余华也延续了同样的创作态度。对比《在细雨中呼喊》之前和之后的创作，不难发现，余华的小说风格发生了比较明显的变化。其中的一个标志就是余华有意识地将自己的主导性隐藏，让人物——福贵们发声。这样，余华笔下人物的身份，

---

① 余华：《没有一条道路是重复的》，上海文艺出版社，2004，第112～115页。

决定了他的语言和叙事策略。这些人物的身份虽不同，但大体上都归属于知识水平低下的小人物。这样就使得余华小说首先在语言上发生了比较明显的变化。

首先在修辞上，余华之前的小说强调语言的修饰作用，余华自己的声音带有一种精英的意识。如《四月三日事件》中对钥匙的描述："早晨八点钟的时候，他正站在窗口。他好像看到很多东西，但都没有看进心里去。他只是感到户外有一片黄色很热烈，'那是阳光'，他心想。然后他将手伸进了口袋，手上竟产生了冷漠的金属感觉。他心里微微一怔，手指开始有些颤抖。他很惊讶自己的激动。然而当手指沿着那金属慢慢挺进时，那种奇特的感觉却没有发展，它被固定下来了。于是他的手也立刻凝住不动。渐渐地它开始温暖起来，温暖如嘴唇。可是不久后这温暖突然消失。他想此刻它已与手指融为一体了，因此也便如同无有。它那动人的炫耀，已经成为过去的形式。那是一把钥匙，它的颜色与此刻窗外的阳光近似。它那不规则起伏的齿条，让他无端地想象出某一条凹凸艰难的路，或许他会走到这条路上去。"[①] 余华将"手指抚摸钥匙"这样的意思表达为"然而当手指沿着那金属慢慢挺进时……"，在表达"钥匙的温度变暖"的意思时，形容为"温暖如嘴唇"。这种语言就完全是余华式的，是极尽雕琢的语言，与人物的身份不相匹配的语言。这种语言是极具表现力的语言，是常见的文学语言。这种语言不是日常生活的语言，能够带来陌生化的美感。

而《活着》是一部几乎全部用民间常用词汇写作而成的小说，消解了所有迂回的表达方式，力图模仿一个农民"福贵"的真实的语气和知识结构。小说中有许多的比喻，这些比喻都是日常生活化的，符合人物所见所闻的，这也让小说在逻辑上达成了一致。如"几十年来我爹一直这样拉屎，到了六十多岁还能在粪缸上一蹲就是半晌，那两条腿就和鸟爪一样有劲"[②]；"这个嫖和赌，就像是胳膊和肩膀连在一起，怎么都分不开"（第9页）；"我看着那条弯曲着通向城里的小路，听不到我儿子赤脚跑来的声

---

① 余华：《四月三日事件》，《收获》1987年第5期。
② 余华：《活着》，上海文艺出版社，2004，第7页。以下凡出自该书引文，仅在正文标注页码。

音，月光照在路上，像是洒满了盐"（第7页）……小说将腿比成鸟爪，将嫖和赌比成胳膊和肩膀，将月光比成盐……鸟爪、胳膊、肩膀、盐无一不是取自福贵的日常生活。在修辞上余华为了让人物发出自己的声音，放弃了以往擅长的川端康成式的雕琢。余华放弃了自己的知识水平，对比余华前后期在语言上的修辞不难发现，余华在语言的使用上做出了退让，他不得不把自己的词汇量缩小，不得不模拟出福贵应有的词汇量，从中选择合适的比喻进行修饰。

从这一点上来看，由《活着》的成功而得出《活着》这种简洁的语言优于余华早期文学性的语言这种结论，是没有道理的。

其次是句子结构的简化，通过以下两段随意截取自余华前期和后期的小说中的选段，对比不难发现，余华尽力将长句消减为最基本的短小的句子结构。从长句到短句的变化是让人物自己发声的第二种需要，因为短句更符合人物日常的语言。

《一九八六年》："当初丈夫就是在这样一个漆黑的晚上被带走的。那一群红卫兵突然闯进门来的情景和丈夫穿着拖鞋嚓嚓离去时的声音，已经和那个黑夜永存了。十多年了，十多年来每个夜晚都是一样的漆黑。黑夜让她不胜恐惧。就这样，十多年来她精心埋葬掉的那个黑夜又重现了。

……那人一瘸一拐地走进了这座小镇。那是初春时节，一星期前一场春雪浩荡而来，顷刻之间将整座小镇埋葬。然而接下去阳光灿烂了一个星期，于是春雪又在几日之内全面崩溃。如今除了一些阴暗处尚残留一些白色外，其他各处都开始生机勃勃了。几日来，整个小镇被一片滴答滴答的声音所充塞，那声音像是弹在温暖的阳光上一样美妙无比。这雪水融化的声音让人们心里轻松又愉快。而每一个接踵而至的夜晚又总是群星璀璨，让人在入睡前对翌日的灿烂景象深信不疑。"[1]

《活着》："我走到长江边时，南面还没有解放，解放军在准备渡江了。我过不去，在那里耽搁了几个月。我就到处找活干，免得饿死。我知道解放军缺摇船的，我以前有钱时觉得好玩，学过摇船。好几次我都想参加解放军，替他们摇船摇过长江去。

---

① 余华：《现实一种》，上海文艺出版社，2004，第126～127页。

想想解放军对我好，我要报恩。可我实在是怕打仗，怕见不到家里人。为了家珍她们，我对自己说：'我就不报恩了，我记得解放军的好。'

我是跟在往南打去的解放军屁股后面回到家里的，算算时间，我离家都快两年了。走的时候是深秋，回来是初秋。我满身泥土走上了家乡的路，后来我看到了自己的村庄，一点都没变，我一眼就看到了，我急匆匆往前走。看到我家先前的砖瓦房，又看到了现在的茅屋，我一看到茅屋忍不住跑了起来。"（第 66 页）

在《活着》中，余华改变了前期对每一个句式的雕琢，语义的完整性已经不再在一个句子中完成，而是分摊给段落甚至篇章。《活着》的句子意思简单明确，余华放弃了表现性的语言，而力图通过人物的语言来再现人物。从这个角度上，有评论曾指出余华放弃了以往的先锋性，而回归了现实主义。但现实主义并不能准确地评价余华包括《活着》及其以后的作品。余华根本性的转变不是从某种"主义"到某种"主义"的转变，而是写作观念的转变，即从余华的声音到福贵的声音的转变。而这种转变在《活着》这篇作品中获得了成功，并不能归结为简洁朴素的语言优于具有艺术表现力的文学性语言。《活着》的成功并不是语言和叙事结构的成功。因为从根本上来看，语言是小说重要的构成部分，但语言是一种形式，语言不仅要符合人物，也要符合作品的内在精神。《活着》的这种语言与小说深层的精神内涵完美地结合在一起，这才是《活着》这部小说成功的根本原因。

二　从福贵的声音到"道"的声音

福贵的人生体现的是中国道家哲学。《活着》讲的是一个人在困境中活下去的故事，福贵的生命轨迹体现的就是"道"。老子讲："上善若水。水善利万物而不争，处众人所之恶，故几于道。……夫唯不争，故无尤。"福贵能够"活着"，全依靠他的"柔弱""不争"，他非常胆小，当他输光家产想到去"吊死"的时候，却连死的勇气都没有："到了城外，看到那条斜着伸过去的小路，我又害怕了，我想接下去该怎么办呢？我在那条路上走了几步，走不动了，看看四周都看不到人影，我想拿根裤腰带吊死算啦。这么想着我又走动起来，走过了一棵榆树，我只是看了一眼，根本没打算去解裤带。"（第22页）给他娘请大夫的时候被国民党抓了壮丁之后，他看到别人逃跑差点挨了枪子之后，他就根本不敢逃跑。"连长转过身来，看到了站在后面的我，就提着手枪走过来，把枪口顶着我的胸膛，对我说：'你也回去吧。'我的两条腿拼命哆嗦，心想这次就是两只眼睛全闭错，也会一枪把我送上西天。我连声说：'我拉大炮，我拉大炮。'"（第52页）在红卫兵来到村子里把大家集合起来问谁是地主的时候，他也是吓得双腿抖成了一团。唯一的发威是在知道儿子有庆死了之后，他冲上去要打县长，但看到县长是春生之后，他的气马上就化解了。老子主张柔弱，其实就是讲怎样"保全自己"，就是活下去。

与余华以往的创作不同，《活着》不再书写人性的"恶"，《活着》里没有血腥的暴力，没有残忍的报复，没有人性的丑陋与自私。余华在《活着》中文版自序中写道："前面已经说过，我和现实关系的紧张，说得严重一点，我一直是以敌对的态度看待现实。随着时间的推移，我内心的愤怒渐渐平息，我开始意识到一位真正的作家所寻找的是真理，是一种排斥道德判断的真理。作家的使命不是发泄，不是控诉或者揭露，他应该向人们展示高尚。这里所说的高尚不是那种单纯的美好，而是对一切事物理解之后的超然，对善和恶一视同仁，用同情的目光看待世界。"（中文版自序）因此有研究者指出，余华从一个彻头彻尾的"性恶"说代言人转变为了主张"性善"者。这种说法看到了余华的"性恶"观发生了转变，但事实上余华并未变成"性善"者。《活着》通过福贵的语言叙述了福贵的一生，这种冷静、自然的叙事方式表达的是人性"自然"观。

道家哲学中所讲的"自然"并不是大自然的意思，而是自然而然的意思。老子说"道法自然"，道的本性是自然，"自然"是道的最高境界。"自然无为"是老子哲学最重要的一个观念。老子认为任何事物都应该顺任它自身的情况去发展，不应有外界的意志去制约它。"老子的最大功劳，在于超出天地万物之外，另假设一个'道'。这个道的性质，是无声、无形；有的单独不变的存在，又周行天地万物之中；生于天地万物之先，又却是天地万物的本源。……道的作用，并不是有意志的作用，只是一个'自然'。自是自己，然是如此，'自然'只是自己如此"（谢著《中国哲学史》云，'自然者，究极之谓也'不成话）。老子说："道常无为而无不为。道的作用，只是万物自己的作用，故说'道常无为'。但万物所以能成万物，又只是一个道，故说'而无不为'。"①

福贵的人生是"自然无为"，通过"柔弱"而保全性命，《活着》通过福贵所表达的核心价值观就是道家哲学的"道"，余华是叙事让福贵自己发声，而余华隐退，这也是"自然无为"的。两者得到了统一，余华通过福贵的声音，其实要传达的就是"道"的声音。

三 语言：小说内在精神的一种形式

《活着》是一部从内在到外在都体现中国道家哲学的作品。一部意蕴丰富、意义深刻的作品至少应该在三个层次达到一种完美的统一。这三个层次从外到内分别是第一层是作为作品形式而存在的语言、叙事层；第二层是人物和故事层；第三层是作品整体的韵味，也是作品深处的灵魂。作为一部优秀的作品，这三个层次应该达到一种完美的和谐统一的状态，《活着》就是一个典型的例子。福贵的性格体现了道家哲学中的柔弱、不争、无为等特质，小说中人物的经历都体现了道家哲学中的几个基本的命题，如"祸""福"之间的对立转化、人生旅程的"返本复初"、人的"无用之用"等。② 而小说的语言也简约到了极致，这既是前面论证过的为了让福贵发声的需要，在深层次上也符合道家哲学中"无名""绝圣弃智"的观念。《活着》这部小说从语言层面到人物性格和命运的层面，到作品深处所蕴藏的哲学层面，都统一在道家哲学观念中，达到高度的一致。

语言作为小说的一个重要组成部分，它不仅是一种形式，当它作为小说内在精神的一部分而存在的时候，就能够提升作品的灵魂。《活着》的语言特色能折射出道家精神中的"无名"的观念。老子的哲学推崇"无名之朴"，主张无概念，他说，"无名天地之始，有名万物之母""道常无

① 胡适：《中国哲学史大纲》卷上；胡道静：《十家论老》，上海人民出版社，2006，第11页。

② 上述观点在作者的另一篇论文中有详细论述，可参见李昂《论道家精神在余华小说中的显现》，《作家》2010年第12期。

名""大象无形"，他以为一切概念都是相对的、有限的"克"，不是绝对的"常"，故说"知常曰明"；有形的"象"不是无限的大，故说"大象无形"。老子说："惚兮恍兮，其中有象。恍兮惚兮，其中有物。窈兮冥兮，其中有精。其精甚真，其中有信。自今及古，其名不去，以阅众甫。吾何以知众甫之状哉？以此。"这里，"此"字指的就是"名"。老子这段话的意思是名的作用是让我们知万物。但老子极力推崇的是"无名"。胡适说："名是知识的利器，老子是主张绝圣弃智的，故主张废名。"① 老子讲："道可道，非常道。名可名，非常名。无名，天地之始。有名，万物之母。故常无，欲以观其妙；常有，欲以观其微。"

因为"无名之朴"，所以应该得意而妄言，得到了那个实质性的根本，进而忘却用以表述实质的语言的作用，余华的《活着》正是一反余华以前在语言上面暴力的状态，消解语言的作用。正所谓复归于本体，破除了名相的意图就十分明显了。余华在语言上放弃之前在修辞上雕琢的追求，而回归到让人物自己发声，说得越简洁，越是减少修饰，就越是能够接近"道"和"名"。余华对"无名"的追求可能是不自觉的，因为这不仅是余华的写作态度，同时也是福贵这个人物作为叙述者的必然结果。这不仅是由福贵的文化水平决定的，这种语言和叙事的"无名"态度，也完全符合福贵的人生哲学。

余华说："在一部作品写作之初，作家的理想往往是模糊不清的，作家并不知道这部作品会给自己带来什么？我的意思是，一如既往的写作是在叙述上不断地压制自己，还是终于解放了自己？当一位作家反复强调如何喜欢自己的某一部作品时，一定有着某些隐秘的理由。因为一部作品的历史总是和作家个人的历史紧密相连，在作家众多的作品中，总会有那么几部是作为解放者出现的，它们让作家恍然大悟，让作家感到自己已经进入了理想中的写作。

我个人的写作历史告诉我：没有一部作品的叙述方式是可以事先设计的，写作就像生活那样让我感到未知，感到困难重重。因此，叙述的方式，或者说是风格，那些令人心醉神迷的风格不会属于任何人。它不是大

---

① 胡适：《中国哲学史大纲》卷上；胡道静：《十家论老》，第13页。

街上的出租车招手即来，它在某种意义上是一名拳击手，它总是想方设法先把你打倒在地，让你心灰意冷，让你远离那些优美感人的叙述景色，所以你必须将它击倒。写作的过程有时候就是这样，很像是斗殴的过程。"①

这段话说明了在余华的写作中，是先有了人物，才去寻找一种适合这个人物的语言和叙事技巧。从这个角度上来看，《活着》的语言是福贵的并非余华的，小说所表现出来的道家精神的哲学高度是福贵的也并非余华的。事实上，在《活着》之后的两部长篇小说《兄弟》和《第七天》中，余华并没有将道家哲学灌注到作品的内在精神中，余华试图延续《活着》中那种简洁的语言风格，但很明显遇到了困境。《兄弟》是一部失控的作品，余华首先不能控制的就是作品的篇幅。从最初预设的10万字到最后的50万字，作品到后半部几乎使读者在冗长的叙事中消耗了耐心。《第七天》中余华试图用鬼的声音叙述鬼的见闻，但几个故事仍然停留在批判现实的层面上，而且在这部小说中，更加明显地能够看出余华的语言困境。《兄弟》和《第七天》都属于批判现实的作品，它们都需要更有穿透力的语言。语言的简洁和作品的穿透力并非成正比的关系，《活着》的穿透力并非仅仅来源于简朴的语言，而深层次的在于其蕴含着中国传统的道家哲学，并且在作品的几个层次达到了和谐和统一。而《兄弟》和《第七天》不再具有道家精神，因此简洁的语言作为一种形式，失去了内在精神的依托只能显得空泛而无力。

总之，语言作为一种形式，它必须很恰当地跟作品内在的精神达到高度的契合才能使作品产生高度的审美感受。

On the Organic Unity of Language
and Taoism in *Being Alive*

Li Ang

Abstract：*Being Alive* has so far been regarded as the highest level of Yu Hua's works. In form, this novel is characterized by being concise and plain in

① 余华：《灵魂饭》，南海出版公司，2002，第247～248页。

language and narration, which embody the colloquial dialect, simple sentence structure, and hidden narrative skills, which indicate the change in Yu Hua's writing attitude——the gradual absence of the author's voice and the presence of the protagonists'. This shift is the main reason that leads to his change in language and narrative style, and it better explains the different levels and styles of his *Being Alive* and other following novels. The success of *Being Alive* lies in the embodiment of Chinese traditional philosophy Taoism in all aspects from language to narration, characters to story, which form a perfect and harmonious unity. Only this unity can offer readers high aesthetic experience.

Key Words：Being Alive; Yu Hua; Language; Taoism

中国传统文化与动画艺术的情感表达

朱幼华[*]

【摘要】 情感表达在动画创作中具有重要地位，也是动画艺术设计追求的审美情趣的重要构成。如果一部动画缺少了情感，内容就会变得空洞乏味，不会给欣赏者带来更多触及心灵情感的体验。很多经典的传统动画都具有自己的个性表达和独特的情感表达。抽象的情感体验经过艺术家的物化，就变得灵动而自然，得到了情感上的升华。源远流长的传统文化造就了中国人细腻丰富的情感，探讨中国传统文化模式，对于动画艺术的情感表达至关重要。

【关键词】 传统文化　动画　情感表达

一　情感的特征

人类具有丰富的情感，通过痛苦、快乐、悲伤、愤怒、壮烈、温馨这些抽象的感觉体现出来。但情感的形成受到社会制度、宗教礼仪、文化素质的影响与制约。而动画作为大众艺术，人们在观看影片的同时也会通过影片中的角色造型、色彩搭配、故事情节元素，对影片形成特有的情感。情感丰富细腻，有亲情、爱情、友情，更有民族情感、荣誉感、自尊心等。"情感是艺术家在艺术创作中所必须具备的基本条件，是连接生活与艺术创作的桥梁，情感作为创作活动中的重要心理因素渗透到整个艺术构

---

*　朱幼华，工程硕士，吉林大学珠海学院艺术系讲师。

思的活动中，是艺术创作的魂魄所在"。①

喜、怒、哀、乐等情感以难以捕捉的抽象形态体现，动画师需将这些抽象的情感以具体形态展现给观众。例如，赋予某动画角色一定的形态，用以传递一定的特征，这些丰富的形态让一个个动画角色跃然纸上，如同有了生命力，引起观众不同的情感变化。因此，当动画设计师在场景、角色、色彩、动作上赋予"人性化"的情感色彩时，我们称之为动画的情感表达。

二 中国传统文化中的情感模式

由文化精神、文化制度和文化物质三大层面构筑而成的中国传统文化体系，是中华民族数千年历史的智慧结晶。在中国历史岁月的长河中，中华民族创造了丰富的物质成果和精神成果，渗透其中的文化精神精华成为中国文化的主要象征之一。也为中国传统动画情感基调的创作打下了坚实的基础，所以从精神文化层面探讨动画情感的表达是最实质的出发点。动画艺术从儒家文化、道家文化、佛教文化、中国传统习俗文化等主流文化中吸取养分，形成情感表达。

1. 儒家的"中和之美"

儒家思想是古典文化在昌盛时期最为重要的组成部分，作为中国传统文化精神的主干深刻影响着中国历史的发展与变化。其鲜明的特点，深奥的内涵，也使其成为众多动画创作所追求表现内在情感韵意的主要载体。"天人合一"思想是儒家传统文化精神最基本的观念，主张通过对人类普遍规律的自我感知，将其贯彻到人与自然、社会、政治、道德修养与人生价值等方面。从而教化众人应心胸宽广，心态健康平和，举止优雅得体，才学渊博而灵动。"仁者爱人"是儒教伦理精神的体现，提倡以道德来规范伦理，促进了道德自我的建立、人性智慧的提升与开发。造就中国人重气节、重操守，正义爱国的民族性格，也正是动画情感表现的本源。此外"刚健有为""贵和尚中"是儒家思想对积极的人生态度与处理人际关系方

---

① 刘明：《动画艺术创作中的情感因素》，《视听天地》2013年第7期。

法的高度集中概括，培养中华儿女崇尚团结、热爱和平的价值观。这些都为动画人物性格设计提供了鲜明丰富的情感表达，也是动画片中英雄气节的文化缩影。

2. 道家的"道法自然"

天地万物自然循环的规律及其本质是道家所主张的"道"。处于运动变化中的天地万物以"道"为其基本的法则。《道德经》中说："人法地，地法天，天法道，道法自然。"就是关于"道"的具体阐述。道家提倡"道法自然"就是要顺应自然，对待事物不要过于刻意。道家有着平和、宽容、淡然的处事态度。超脱自然，除去心中烦重心事就是快乐。心虚者，没有心事，才能体验生命的趣味，从而不断提升自己，超越自己。也教育世人虚心谦卑才是做人的美德。王强在他的著作《中国传统文化精神》中提到"中国人在本性上是道家，文化上是儒家，然而其道家思想却更甚于儒家思想"①。道教对人生态度的情感表现也为中国传统乃至现代动画片在衣着、场景的设计方面提供了质朴、简约、淡雅、清新等风格的视觉元素。另外，道家思想中，"清静无为""返璞归真""顺应自然""贵柔"等主张，对动画艺术创作有很大影响和促进。蕴含民间丰富创作力与想象力的道家文化为动画设计提供了创作借鉴的源泉。如道家吸收了各地宗教神话传说，形成的庞大的神仙世界体系，为我们创建动画人物关系、人物性格造型提供了合理依据。

3. 佛教"含而不露"的意境之美

佛教文化具有强烈的世俗性精神，认为宇宙和人并不是由造物神主宰和创造的，而是因缘而起，世上的一切都存在于永不停息的"生命之流"中。王强还在他的书中提到"生命被分为过去、现在、将来三世的轮回之中，强调因果报应来奉劝世人要心存善念，多行善事"②。禅宗是印度佛学在中国创造发展的产物。在禅宗的影响下，中国的音乐、书法、绘画、园林都呈现一种幽远清静、别有一番意境之美的魅力。佛教文化精神对动画的情感影响更多地表现在"意境"二字，"意境"一词起源于佛教，动画

① 史少博：《民族精神的传统文化底蕴》，《理论学刊》2003 年第 3 期。
② 宗白华：《美学与意境》，人民出版社，1987。

设计中的意境更凸显它在美学上的应用。比如，一些经典的水墨动画，其灵动性，浑然天成，充满了诗情画意，已经超脱了动画单纯的娱乐功能性，更多地用来表达艺术家内心情感与思想的产物，也是自然流露的情感艺术瑰宝。

4. 丰富多彩的中国传统习俗文化

中国历史悠久，地域宽广，民族的多样性也成为传统习俗文化丰富多彩的主要原因，传统习俗文化精神更是在动画创作过程中被作为传达民族情感的重要媒介。传统习俗是一种社会文化现象，是不同民族在历史实践中创造积累的文化宝藏，也是人类生存繁衍的精神支柱。传统习俗文化又包括节日习俗、饮食习俗、服饰习俗，贯穿到人们的衣食住行等各个方面的同时，也为中国动画的表现内容提供了丰富的参考价值。传统习俗文化在动画设计中有着强烈的民族精神激励作用，具有强大的号召力与凝聚力。不同的民俗节日表达着不同的民族情感，不同的民族服饰风格代表着不同民族的个性彰显，也蕴含了动画设计者想要表露的情感基调。

三 传统文化对中国动画设计情感表达的影响

1. 对动画造型风格中情感表达的影响

中国有着历史悠久的民间艺术文化，也造就了中国传统动画造型风格的多样性。可传承的文化风格有皮影、木偶、戏曲、建筑、剪纸、年画、水墨等。这些富有中国特色的表现形式使动画以不同的风貌和形态带给观众更多独出心裁的审美体验。

剪纸动画是从皮影、木偶、年画等中国传统民间艺术中汲取发展创造而成的。艺术家运用象征寓意的手法，赋予了剪纸动画片独特的情趣美感，表达了民间百姓对生命的热爱，对喜庆事物和大地丰收的赞美。比如，在动画《渔童》中，渔童从汉白玉鱼盆的莲花中诞生，莲花在古代民间象征着神圣，纯洁与美好，有用来辟邪的说法。继而渔童也成了正义、勇敢、机智的化身，担负起了惩恶扬善、除暴安民、保护百姓的职责。这是人们对传统剪纸文化心灵的寄托与依靠，也是对生命延绵不息和对大地母亲养育之恩的崇敬。《渔童》中渔童的形象非常可爱，也具有浓郁的民间艺术情趣。以大量夸张的侧面表现形式来增加人物的艺术感染力。色彩明亮和鲜艳，乡土气息十足。剪纸动画具有形态上虚实相间的独特艺术美感、内容上朴实而热烈的精神内涵。

水墨动画是中国特有的动画创作形式，在强调诗情画意墨韵的同时更多体现了传统文化的人文精神。注重对意境的营造，虚实艺术的结合，画面景色淡雅柔和，人物生动传神，用细致的笔调传达了艺术家对传统美学精神的追求。水墨动画以其独特的造型风格设计成为中国传统动画艺术的一道亮丽风景线。动画短片《小蝌蚪找妈妈》是借鉴了齐白石的水墨画笔法，并给予它们生命。那活灵活现的小蝌蚪，毛茸茸活泼的小鸡，惟妙惟肖的大对虾爷爷还摆着长长的胡须，生动传神而又如影如幻的金鱼妈妈，这些绘声绘色的动画形象让整个画面都活了起来。水墨风格带给这部动画更多的温馨、宁静、祥和之美。其角色的情感表现也刻画得细致入微，例如，小蝌蚪把鲶鱼当成了妈妈，吵醒并惹怒了它，小蝌蚪们吓得四处逃散，拼命地摇着尾巴躲进水草中。青蛙妈妈来帮忙，鲶鱼赶快道歉逃跑了，最后还不忘再伸出小头来看一下。非常传神地描绘了动物的人性化情感，让人不自觉地会心一笑，同时又自然而然地感受到传统动画造型风格的神奇力量。显示艺术气息浓厚的中国传统文化底蕴，成为动画造型风格表现史上的一朵绚丽奇葩。

偶类动画是我国最早的三维立体动画创作方式。和其他国家的偶类动画不同，中国的偶类动画是借鉴民间传统特色的泥偶、布偶和木偶等形式，运用各种材料创作出立体的人物背景效果，直接进行逐格拍摄。给观众带来更加真实、亲切，立体感十足的视觉效果。中国偶类动画的造型风格融入了自己民族特有的文化情感。常以古代神话、寓言、童话故事为脚本，描述的多半是不辞劳苦大众百姓的生活内容，彰显了中国民间艺术的朴实无华、粗犷豪放的个性。短片《神笔马良》就是运用了泥偶的造型风格，以内涵丰富的中国童话小说为剧本，生动地刻画了马良这个爱憎分明、勇敢机智并闪烁着中华民族精神的艺术形象。小马良的外观造型简单朴实，脸型透露着善良与天真的个性。官老爷的形象是圆滚滚的肚皮、华丽的衣裳，脑满肥肠大腹便便的样子，揭示了官僚阶级肮脏丑陋的面孔。还有官老爷身边的师爷，脸型略尖而瘦长，一双狡猾的小眼睛，有点驼背，显示了其诡计多端、阿谀奉承、溜须拍马的丑恶内心。让观众在欣赏优秀泥偶动画作品的同时，又得到传统艺术审美的一种身心享受，更在无形中彰显了中华民族外柔内刚的民族气质与文化情感。

无论是何种形式的动画造型风格设计，中国传统动画所蕴含的艺术审美价值和人文精神，都是其走向成功的关键。它象征着中华民族对生命的热爱、对美的追求、对正义与善良的赞美、对自由的向往。也是中国传统文化精神在动画艺术中最真切的情感表达。

2. 对动画场景设计中情感表达的影响

动画场景设计涉及片中材质、光影、色调的设计，是剧情发展与角色表达的衬托与辅助，同样能用自身独特的方式表现主题，传情达意。传统文化在场景设计上对情感的抒发也起到了十分重要的铺垫作用，装饰性设计的表达十分强烈。如水墨动画《牧笛》一片中，牧童沉睡在梦中，寻找丢失的水牛。一路上翻山越岭，遇到了渔翁，渡过潺潺溪流，询问了正在斗蟋蟀的牛娃们和羊肠小径上挑柴下山的少女，终于向着山顶奔去。艺术家借牧童的视角带我们领略了重峦叠嶂的山峰、云烟的美景、壮丽的激流。用儒雅的水墨风呈现了祖国的大好河山，又充满了诗情画意。唤醒了人们对美的追求和憧憬，又一次深刻地感受到了大自然与心灵的共鸣之音。

又如《大闹天宫》这部取材于古典名著《西游记》的动画电影中，山、水、云及宫殿造型都是中国传统表现形式。山、树、楼阁的设计有棱有角，给画面增加了几分硬朗和坚韧感。云的形象加上其色彩背景，突出了朦胧仙境的意境之美，把整个环境烘托得逼真而又富有神话色彩。到处弥漫着中国传统文化浓厚的风情韵味，达到了"以形写神"的完美境界。

3. 对动画剧情节奏中情感表达的影响

剧情的节奏，指的是影片情节进展的缓急，是影片内在的节奏与韵律。剧情节奏直接影响观众的情绪变化。传统文化既有提倡"含而不露"之美的，也有积极健康向上的民族情操，决定了中国动画影片节奏的内在韵律。动画剧情的设计既要做到选材的趣味性，又要做到具有教育意义的思想性，才是其创作的最终目的。在中国传统精神文化的熏陶下，中华民族具有乐观的人生态度、积极向上的民族精神、豁达开朗的民族性格。所以，中国传统动画的剧情都是健康向上、带有正面影响、具有教化功能的内容。比如，结尾都是正义最终战胜邪恶，或者结局向好的方向发展，带给观众一些人生哲理的启示。在中国传统动画人文精神的传达中，作为五千年历史积累沉淀的中国传统文化所贡献的艺术价值是功不可没、绚烂而又夺目的。因为传统动画秉承"寓教于乐"的创作理念，所以更注重对剧情的塑造。因受众群体的定位多针对儿童，所以故事叙述相对简洁直白。中国传统动画深受绘画艺术的美学影响，强调了意境的创作和内在的情感表达。

动画短片《三个和尚》汲取了中国戏曲的表现形式。选取了"一个和尚挑水吃，两个和尚抬水吃，三个和尚无水吃"和结尾所表达的"兄弟齐心，其利断金"这样一个立意，作为影片的主题内容。叙事既直白简洁又具有强烈的煽情性和感染力。短片中出现许许多多重复内容，加强了叙事的节奏性。寻求重复中有变化，变化中体现韵味的意境。例如，三个和尚的赶路情景，小和尚赶路时被乌龟绊倒，瘦和尚赶路时与蝴蝶做伴，胖和尚赶路时趟过河水和鱼儿玩乐。动画片中三个和尚之所以没水喝，是因为都抱着同样的想法，不想出力，为了小利益而锱铢必较。但影片却在后半部分出现了转折，寺庙因为老鼠吃断了蜡烛而引发了火灾，在危急时刻，三个和尚终于明白了要团结一致、齐心协力，才能解决困难。影片以小事见大道理，更抓住了作品内在的灵魂与情感，并陶冶了我们的艺术情操。

中国传统动画在叙事上有着单线顺序式的模式，着重表现一个主要人物和一个贯穿整部动画的主要事件。人物的发展为情节做铺垫，从而更好地突出主角的性格特征。《骄傲的将军》这部动画片所表现的主角是将军，配角是师爷，还有一条"不刻苦，就要落后"的简单思想主线。所有人物都是为了衬托将军而存在的，师爷无时不在的奉承满足了将军的虚荣心，也为剧情的发展起到了推波助澜的作用。这部动画短片虽然剧情简单，但蕴意却很深刻，故事对"临阵磨枪"这个成语进行了加工再造的延伸想象，使传统文化在动画的运用中得到更加丰满充裕的阐释。短片把将军这个打了一次胜仗就沾沾自喜不思进取，最终一败涂地的形象塑造得生动传神，夸张地再现了中国传统戏曲文化的情感韵味。

传统动画的剧情设计在对民族文化故事进行改编的同时，又对其包含的思维方式、价值观念进行了全面的思考与整合，使中国民族文化的精髓在优秀的传统动画剧情设计中发扬光大。虽然在剧情设计方面，关于矛盾情节制造的复杂性，中国传统动画存在一些问题和不足。但传统动画所注重"以形写神"的内在精神文化，才是艺术家对动画剧情设计更深层次的情感抒发与艺术追求。

4. 传统艺术对动画人物刻画的影响

在动画中，关于角色喜、怒、哀、乐等情绪的变化，我们往往会对人物动作的脸部表情、外部形象以及动作的姿态进行夸张处理，再加上象征性、比喻性的动作细节处理，使这个动作更趋生动与完美。比如，刻画一个处于极度愤怒的角色，在文学中会用"怒发冲冠"来形容。如果绘制在纸面上，可以从他怒目而视的表情，高高竖起的头发将头上的帽子都顶起等细节体现。一个"火冒三丈"的人物，细节上可以表现为大发脾气，挥动双拳，甚至用升起一团火苗表现其极致的情绪变化。在动画动作设计中，透过几个关键帧将动作表现得自然流畅，并能充分体现角色的个性和当时的情绪，除了从角色的行、走、跑、跳等动作下工夫，还要配合脸部的表情。动作和表情的配合可以得到形神兼备的艺术效果。假设孙悟空在大闹天宫的时候，仅仅是打斗而面无表情，观众在观看影片的时候会食而无味，味如嚼蜡。

这可以通过借鉴戏曲艺术中，戏曲表演对人物情感表达的处理。分析戏曲人物表情和情绪配合的合理性与特定性，结合动画想象性和夸张性的特点，表现鲜明的人物个性。戏曲是通过动作来展现冲突以及人物的性格。戏曲的心理动作除了通过人物形体动作外，还配合表情动作传递人物的心理状态，表情与身体动作的配合，使人物更具有真实的情感。成功的动画设计就像一面折射人物内心世界的镜子——表演艺术家马金凤在表演"吃鱼"动作时，从剔刺到食肉，动作准确，表情满足，观众顿时闻到飘香四溢的鱼味；又如我国著名的京剧艺术家盖叫天在诠释"武松"饮酒这一情节时，神志清晰，但朦胧的醉意使得脚步踉跄，对人物微醉状态出演得惟妙惟肖、淋漓尽致。

四 动画艺术的情感表达与传统文化进一步结合

我国当下动画创作缺乏吸引力的重要原因，就是缺少传统文化的内涵精神，及传统文化情感的缺失。中国传统文化包含着浓郁神秘的东方文化气质，但是当下动画并没有充分地开发利用这些宝贵的资源财富，去加以总结创新，这也是导致文化竞争力缺乏的重要因素。中国动画产业想要得到更好的发展，就要把传统文化的内涵精神放在第一位，从优秀的传统文化中寻找属于自己独特的艺术语言。在深厚的文化传统基础上进行创新，使艺术作品在创新中发展传统，在传统中寻求新的突破。

中国有着丰富的文化传统，为动画创作未来的发展提供了诸多有利的条件，所以我们要充分地挖掘传统文化中最能学以致用的地方。要真正传承中华民族数千年传统文化的精粹，必须充分理解传统文化的内涵，以情感作为表达的途径，从传统文化中吸取养分。例如，将传统文化所宣扬的重气节、爱国等精神内涵，通过巧妙的叙述手法融会贯通到动画的创作中去。中国传统绘画艺术向来讲究对内在情感的表达，情感也是对动画"内心"色彩的渲染。所以，正确地继承挖掘优秀的传统文化精神所传达的意境，并融入时代的价值观，才能更好地让观众体会到具有中国特色艺术价值的动画所带来的另类审美感受与绝妙的情感享受。

参考文献

徐振东：《经典动画赏析》，上海大学出版社，2007。

王强：《中国传统文化精神》，昆仑出版社，2006。

段联合：《中国传统文化》，西北大学出版社，2005。

Traditional Culture and Expression of Emotions in Animation

Zhu Youhua

Abstract: The expression of emotions plays an essential role and is also an important part of aesthetic interest when the animation is produced. If the animation lacks emotions, the content would be hollow and boring, which would not bring any soul – touching experience. Most of the classical traditional animations have their own unique expressions and ways to express the author's emotions. Abstract emotional experiences which are materialized by the artists become vivid and natural and then are elevated in the emotion. The long – standing traditional culture enriches Chinese people's emotions. Thereby, exploring the pattern of Chinese traditional culture is vital to the expression of emotions of animation art.

Key Words: Traditional Culture; Animation; Expression of Emotions

精神
神
SPIRITUAL CIVILIZATION
文
明

论公务行为道德选择的应然与必然[*]

周　耕[**]

【摘要】 公务行为面向公众，具有公共性，其自身的性质决定了它要为公众事务服务。在公务行为的实施过程中，公共利益和私人利益的二元分化、传统的服从上级的行政模式以及照章办事背后的懈怠与消极，都不可避免地会使公务行为面对公务道德问题。因此，理清公务行为中的实然与应然，减少因茫然或不道德的公务行为所带来的消极影响，使公务行为创造更大的公益价值，这对公务机构在公众心目中形象的提升十分重要。本文旨在通过伦理学的视角对公务行为进行剖析，挖掘公务行为理应蕴涵的价值取向，使其展现对人的道德关怀。

【关键词】 公务行为　道德困境　道德选择　规范与价值

学术界对"公务行为"内涵的界定有多种方式，本文公务行为所指的是行政主体为实现国家行政管理目标，运用行政权力来处理公共事务的行为，而且尤其强调的是处理具体公共事务的公务行为。公务人员以行政主体代表的身份实施的公务行为，具有行政效力，而公务人员以公民身份实施的个人行为，则与普通公民的个人行为没有差别。公务人员基于行政职务关系，以行政主体名义实施的行政行为可被称为公务行为。所谓公务行为的道德选择，就是指公务人员的公务行为在其应然责任基础上的更高价值选择，以使其公务行为不仅在效益上而且在目的上达到

---

* "吉林大学珠海学院'百人工程'资助项目"。

** 周耕，吉林大学马克思主义学院博士研究生，珠海横琴创新发展研究基地研究员，吉林大学珠海学院思想政治理论课教学部副主任。

行政的必然要求。不过，由于诸多原因，有时公务人员所实施的行为是形式上假借行政主体名义，实质上则是为自己或他人谋求私利的行为。

一　公务行为的应然责任与道德基础

行为的实施总是与其目的相连。公务行为也是如此，不过其所要实现的目的由其主体，也就是公务机构的责任所规定。我们设立公务机构来规范人的活动、协调人的关系，其主要目的在于使公众获得安全、秩序等公共利益，从而为其带来更大的幸福。公务行为作为这种责任履行的表现形式，从一开始就决定其必须以维护和促进公共利益为出发点和归宿。

因此，公务行为在超越于普通行为的基础上具有公共性和利他性。公务行为的主体是各级行政机关。它们自产生起就具有天生的公共性，它们是以实现公共利益为目的，为社会公众利益服务的组织，应该代表人民的意志。而且，它所拥有的权力由公众赋予，它的公共权力来源于公众的共同权利。因此，公务机构有责任去维护公众的权益，而且它也有条件遵循社会发展的必然性，实现公众权益的同时也是自己的意志。因此，公务行为要有底线约束之上的价值诉求。

公务行为的性质来源于它的目的。公务行为是一种出于公共目的而实施的行为。这种公共目的，就是满足公众在公益方面的需要。因此，公务机构不能因为它的权力是由公众赋予的而把自己界定为"发号施令者"，而应当根据它的责任把自己界定为"服务者"。公务机构的服务说到底是为了公众的权益，这是对公众的一种关怀。把对公众的关怀作为一种价值诉求，使公务行为有自己的道德指向。同时这也是公众对公务机构的要求。

此外，公务行为要具有道德性，这还是一种对公共权力负责的态度，是公务人员道德责任感在运用权力时的外化，它通过对公务员操守的尊重和践履，表现对民众的负责态度。"政府自上而下的授权，既是分配权力，也是分配责任。下级接受上级的某种授权，实际上也意味着承担上级分配的特定责任。政府之所以设置不同的职能部门、不同的职能层次和不同的具体职位，并确定不同的部门、层次和职位的具体职责，根本目的在于适应和满足人们对公共产品和公共服务的不同需求"。公务机构要有责任使公众获得幸福。"这种责任，不只是以伦理法典或道德规范的形式被确定下来，同时也在一定范围内以法律的形式确定下来，此外还包括行政主体基于道德信仰而认同和确定的积极行为责任"。① 公务机构掌握公共权力，经营公共资源，拥有其他机构组织所不具备的优势。公务机构所处理的是公共事务，从其性质上看具有利他性，公务机构的根本宗旨是要为公众服务。所以公务机构首要的职业道德便是对公众事业的负责。

不过，由于多方面因素的影响，具体的公务行为在实施过程中很容易演变成单方面的对经济效益和社会效益的追逐，而将人的因素置于不顾，忽略主体责任和客体要求。这样一来，公务行为就会变得非常机械，单纯地变成了为管理而管理而不是为更高的某种目的而实施的行为。因此，我们要明确一个理念，那就是"一切行政行为的根据均在于行政管理的必要性，而行政管理的必要性是立足于社会生活的需要——为了维护正常的社会生活秩序，为了实现社会的良性运行和协调发展，归根到底是为了满足人类生存的需要"。② 公务行为的价值目标是行政价值目标的具体体现，而行政价值目标又是社会价值目标的最好诠释。公务行为虽然有国家权力的保障，但它必须符合社会道德要求，这样才能得到公众的认可。

公务责任的履行要求公务人员必须能够在多重利益关系及其矛盾冲突中正确地理解和把握自身的责任，并依据自己的责任来恰当地权衡和选择自己的公务行为方式。这在很大程度上依赖于公务行为人的能力和意向，其中能力是基础保障，意向则是动力保障。以往，我们仅仅把目光盯在公务人员的能力上，而忽视了公务人员在公务行为中的意向问题。而意向问题是带有价值判断和道德选择的。在目前公务人员素质能力不断提高的情况下，选择问题就显得尤为重要了。

---

① 龙兴海：《行政责任的伦理分析》，《湖南行政学院学报》2003年第6期。
② 窦炎国：《论行政行为的伦理决策》，《河北学刊》2005年第5期。

　　而道德选择作为公务行为主体在履行责任过程中所进行的利弊权衡、价值判断和目标选择，其可能前提是公务行为者的自主性和自觉性。公务行为道德选择的有效性，需要在确认行政制度合理的前提下，依靠行政制度的健全来保障。只有健全的行政制度才能保证公务行为主体既效忠于行政目标，又对行政对象高度负责，并以积极、灵活、有效的方式来寻找两者之间的一致性，追求公务行为的实际效果。公务行为主体能否坚持道德决定的宗旨，能否通过恰当合理的道德决策来选择并规范自身的公务行为，不仅关系到公务行为的得失成败，而且关系到公务行为主体的是非进退。

二　公务行为选择中的道德空间

　　公务员作为具体公务行为的执行者，他的行动受到其权力和法律法规的限制。公务员拥有的权力是其公务行为的上限，而法律法规则是公务行为的下限。这样就构成了一个公务人员自由行动的区间。由于法律法规具有普遍性，因此，对公务行为下限的规定是相同的。而权力则根据公务员责任的大小而不同。所以，公务员在进行公务行为时的自由度因权力不同而异。

（一）公务人员可能的道德缺失

　　公务人员作为个人，是私人领域中的成员，有着扩大自身利益的诉求；但是，他又扮演着公共权力行使者的角色，这就决定了他还有着维护公共利益的一系列责任和义务。当这种角色矛盾不能得到很好的处理时，由此带来的选择性冲突会给公共利益和私人利益都带来损害。

　　从个体角度来讲，公务员在其行为选择中，经常不是按照公务员的角色规范行事，而是按照其个体在市场中所扮演的"经济人"的角色来行事。这就会将个人或者所属组织的利益凌驾于公共利益之上。在利己主义动机的驱使下，公务人员手中的权力往往会变成以权谋私的工具。公务人员作为代理人，比他们的委托人，拥有更加明显的资源支配优势。而且政府公务部门垄断了公共服务的生产和提供。这样，公务人员在社会中的优势地位就彰显出来。公务人员与其委托人相比的优越性使其在行为时难免会有机会主义倾向。这种机会主义行为主要表现为：一方面，利用职权获取灰色收入；另一方面，则是超越法律限度的腐败行为。当然这种公务行为可以说是违反公务规范和职业道德的行为，对此的防范也成了公务行为道德选择中的最底线要求。

（二）公务行为的价值目标置换

从理论上说，公务人员的公务行为应该服务于公务机构的目标，这一目标也应该成为指导、评估和衡量相应公务行为的标准。但是，在现实社会中，由于各种原因，公务行为的目标会不同程度地被忽略或削弱。组织目标置换是其中的一个原因。所谓组织目标置换，在这里简单地说，就是在公务机构运行过程中，公务行为更重要的目标被较次要的目标所取代的现象。发生这种情况的一个主要原因是公务人员形成了"官僚人格"，即过分遵守规则的心理。本来，遵守规则是程序正义的一种体现，它可以有效防范公务人员身上那个"经济人"对私利的追逐，也可以避免公务人员情感波动对公务行为带来的相关影响。所以往往我们对公务人员及其公务行为进行评价时就看其是否符合程序规范的相关要求。这样一来，"官僚化"的公务人员容易在公务行为时死守单一规则，为程序而程序，根本不做整体性考量和目的性考量，甚至简单到只是对规则进行语句解读。官僚就会逐渐把遵守规则看成比实现目标更为重要的东西，甚至宁可牺牲组织目标也要死守规则，于是，公务行为的价值目标被置换，手段变成了目的。

当然，这里并不是主张让公务人员跳出规则去处理公务问题，因为那样的话，有些人就会假借正义之名而任意践踏规则和程序，并滥用公务权力。事实上遵守规则、程序也是一种正义要求，它与坚持公务组织目标并不相悖，但遵守规则、履行程序只是约束公务行为的底线手段，是最起码的要求。所以在遵守规则与公务行为道德指向之间并不存在方向问题，而是层次问题。因此死守规则不能说"错"，但可以说"不够"。

除了以上这种原因和解释之外，组织目标置换还有另一种成因。在科层制的劳动中，分工要求将权威授予下级单位，而正是这种授权形成了以不同工作任务来划分的利益群体。这些群体存在自己的利益，组织内部的摩擦由此产生，各个群体越来越把自己的行为定位在与本部门利益有关的狭隘的子目标上。这时的公务行为会严格按照规章制度来实行，没有腐败产生，看起来也合乎规范，但这种做法会导致公务行为逐渐变得消极，并使公务人员偏离最初公务行为的价值方向。

（三）公务行为的道德困境

公务行为不仅面临着公务人员道德缺失和价值目标偏离的危险，而且在一些特定的条件下，还经常陷入选择上的道德困境。在政治与行政二分的官僚制行政模式中，公务人员的职责，只在于忠实地履行行政官员的决策，他们是不应该也不能够承担任何主体性责任的。这样一来，引发了公务人员到底是对上级负责，还是对公民委托人负责之间的冲突。公务人员总是隶属于特定的公务机构，他所属公务机构的主张与公众诉求发生冲突时，是效忠组织还是维护公众？这就会构成对公务人员行为选择的考验。由于前者的道德约束力和激励机制强大而具体，而后者往往是模糊而缺乏硬性约束的。那么，公务人员就可能为了所属的公务机构的利益而牺牲公众的利益。这样，就使公务人员的公务行为在选择上陷入两难境地。

其实，从目的论的角度来分析，人的活动有两个原则：行动原则和行为原则。行动（action）和行为（behaviour）在现象学描述中差别不大，但在目的论中却有着根本的区别。一个活动，如果它表现为以可能的方式去达到某种结果，那么它是一个行动；如果表现为以被允许的方式去行动，则是一个行为。

由此可以看出：①行动原则是一个质量原则，它要求的是合目的性。而行为原则却是一个标准化原则，它要求合乎规范。合目的性往往意味着追求卓越德性，因为"所意味的事情"总是尽量好的事情。而标准化几乎意味着平常要求。所以，仅仅考虑形式的合法性与规范性，对于公务行为的应有价值是远远不够的。②行动原则是一个自足原则，行动的意义首先在于"做给自己看"。而行为原则却是一个让步原则，它意味着"做给别人看"。行动原则意味着把自己的事情做得使自己满意。行为原则意味着把一件事情做得让别人满意，而做得让别人满意的目的是为了别人也能够对自己有好处。如果这样，那意味着公务行为在道德维度上还有提升空间。显然，自己按照秉承的核心价值去做事，比自己监督自己去做事的境界要高。

三　公务行为道德选择中的价值取向

在公私矛盾、利益冲突和责任分歧更为严峻的现代社会条件下，具体公务行为的执行是由公务人员来完成，他们经常要在复杂的环境中做出抉择。而越来越多的经验事实表明：在复杂的道德情境下，公务人员仅有忠于程序和规则的心理品质和行为习性不足以支持其达成应然的价值目标；在程序与规则的底线约束下，他的道德觉悟、道德情操、道德自制力和良好的道德习惯是他们负责任地履行公职并达成责任目标的内在支持力量，这也是公务行为能够在多大程度上指向价值目标的保证，当公务人员具备了良好的道德素质后，他们能否在复杂的道德情境下正确而有效地达成责任目标，关键取决于他们相关的智慧、决策能力和运用方法或技巧的实践操作能力。因此，德性论意义上的现代公务行为要达到其价值目的，不仅要有对善的诉求，而且还要求公务行为的主体具有自主性的道德决策能力和实践能力，以保障具有价值诉求的公务行为的实施。可以说，把公务人员履行和达成伦理责任的能力作为公务伦理主体性建设的重要目标是现代社会的客观要求。

现代社会的一个基本性质就是社会生活所有方面的标准化，无论生产、商业还是教育，无论国家制度还是公司制度，无论产品还是人，把所有存在都加以标准化，使统一管理、通用计算和全面审查成为可能，这是现代效率的基础。这种对效率的不断追求，会使我们在抉择和行为时尽可能地以直接、高效、快速的方式直奔目标，追求效益的最大化。这种做法本无可厚非，但没能涉及价值方面的问题。据此，有人认为这是一种盲目的、不负责任的社会价值指向。所以马克斯·韦伯根据手段与目的之间的关系，认为人的理性可以分为工具理性和价值理性。工具理性强调效率和效益，只注重目的而不管目的是否正义。而价值理性则要在动机层面上来调动自我，从而实现对主体行为的导向作用。因此理性不能只是单纯的算计和利害分析，它还要有价值尺度和价值指向。比如，在这样一个范围内，为完成公务行为的既定目标，公务员可以根据实际情况来选择完成这一任务的具体手段。目标只有一个，但达到目标的途径却有多个。如，选择手段 A，最有效率；选择 B，收益最好；选择 C 则最公平；选择……公务员要在众多的选项中取舍，就需要有价值理念的支持。他就需要搞清楚，公务行为到底是为了什么。这里所说的公务行为的目的并不是某一公务行为所要达到的具体目标，而是公务行为在更高的层次上所要追求的价值理想。公务行为只是行政为实现最高价值目标的一种手段。最高的价值理念应该是公务行为的价值指引，公务行为应该在完成具体目标的同时，体现着最高价值理念。

一个公务行为是否道德，应该看它是不是体现了对公众的关怀。人是推动历史前进、社会发展的主体，一个涉及公众的公务行为的行使及其所造成的影响需要有公众观念上的认可。公务行为由道德为其提供支持。因为，道德本质上是一种基于人的内在要求的自觉、自愿。道德是需要行为来体现的。只有当一个行为能满足人们的内在要求的道德意愿时，才能为大多数社会成员所认可、所接受，并能在行动上给予支持。

公务机构的权力来自公众的授予，是公众的主权的派生物，这种权力本质上是一种受托权，民众将权力授予政府，是为了让政府更好地为自己服务，是为了保障和实现公共的权利和福利，因此，公务机构的服务理念内含其本质之中。恩格斯就曾对巴黎公社中对作为"社会的公仆"的无产阶级工作人员的做法进行过如下肯定的阐述："为了防止国家和国家机关由社会公仆变为社会主人——这种现象在至今所有的国家中都是不可避免的——公社采取了两个可靠的办法。第一，它把行政、司法和国民教育方面的一切职位交给由普选选出的人担任，而且规定选举者可以随时撤换被选举者。第二，它对所有公务员，不论职位高低，都只付给跟其他工人同样的工资。公社所曾付过的最高薪金是 6000 法郎。这样，即使公社没有另外给代表机构的代表签发限权委托书，也能可靠地防止人们去追求升官发财了。"① 我国是

---

① 《马克思恩格斯选集》第 3 卷，人民出版社，1995。

社会主义国家，从本质上说一切权力属于人民，公务机构是为人民服务的机构，其使命就是为人民服务。公务机构要关注公众的利益但不强加，而应站在民众的角度理解什么是好的做法，他们更强调公众参与，大众决策，而这才是真正把人当作"目的"。在我国，虽然公务行为还没有完全体现"服务"的理念，但各级机构组织已经有了这方面的意识。最近几年兴起的听证会虽然还存在不少问题，做得也不够完善，但毕竟体现了我们公务行为的价值取向。

因此，就公务行为而言，应该体现国家政治目的和政府行政目的价值指向，要求公务人员必须高效地履行职责，为国家、社会和公民创造或提供最大化的公共善，可以具体表现为：快捷而有效地贯彻国家法令；有效地维护公民的合法权益；节省公共运作成本，以最小的公共支出创造最大的公共善；勤政精政，为公民提供高效的公共服务等。

这就要求公务行为要以社会层面的核心价值为目标，以国家层面的核心价值为方向，以充分保障和发挥公民个人核心价值为责任。要求具体执行者以整体和纵向的思维方式、方法来处理问题，把维护国家富强、民主、文明、和谐，保障社会自由、平等、公正、法治，倡导公民爱国、敬业、诚信、友善作为其不同维度上的价值目标，"一切为了群众、一切依靠群众，一切服务群众"，把符合人民的根本利益和促进人的全面发展作为公务行为的出发点和落脚点。这样，公务行为才能达到行政的价值要求，才能更好地履行行政义务。

The Sollen and Inevitability of Official Acts

Zhou Geng

Abstract：Official acts are public - oriented with the nature of public welfare. It is the nature of the public acts that decides its purpose that is to serve the public. However, ethical dilemma inevitably occurs in the progress of official acts choices owing to the conflicts between the public welfare and individual well - beings and the conventional administrative mode of lower level being subordinate to the higher. Therefore, to figure out the sollen and inedibility of official acts and to avoid the negative impact of ethical dilemma is of great importance to both greater value of public welfare of official acts and better elevation of images of official departments. This paper aims to analyze the official acts through the ethical perspective and dig out the implied value orientation of the official acts in order to express the moral concern on man.

Key words: Official Acts; Ethical Dilemma; Ethical Choice; Norm and Value

隐私权权利性质考

王　硕[*]

【摘要】 研究隐私权基本属性的过程中，我们会发现很难将隐私权归入一个属性的权利当中。传统的权利划分理论，如将权利划分为公权利与私权利、人格权与财产权、积极权利与消极权利等，都无法用一个视角去研究与界定隐私权。随着隐私权的发展，其所囊括的内容越来越丰富。一种带有混合性质的隐私权呈现出来，即所谓多重面向的隐私权。

【关键词】 隐私权　公法性权利　私法性权利　消极权利　积极权利

一　公法性权利与私法性权利划分中的隐私权

（一）兼具公私法属性的隐私权

从隐私权发展的历史脉络来看，隐私权的出处来自那篇著名的关于隐私权的论文。1890 年，Warren（沃伦）及 Brandeis（布伦迪斯）二人共同在《哈佛法律评论》第 4 期发表了题为"The Right to Privacy"的论文。据称，发表此论文的原因是当时的《波士顿报》详细报道了 Warren 家中宴会令人不愉快的私事细节。为此，Warren 邀请 Brandeis 共同撰写论文，强调保护隐私权的重要性。新闻媒介为了满足大众的好奇心与窥探欲，将个人不愿公开的生活细节公布于广众之下，这侵犯了个人"独

---

* 王硕，吉林大学南方研究院博士研究生，吉林大学珠海学院教师。

处的权利"（right to be alone）。当年，沃伦和布伦迪斯的文章并未立即引起学术界和实务界的回应，但为隐私权日后的发展和完善奠定了基础。美国的第一部《侵权行为法重述》，对侵犯隐私的现象做了保护规定，其《侵权行为法重述（第二次）》更是对侵犯隐私的类型做了更加深入的讨论。从两部关于隐私权规定的法典当中似乎可以看出，在美国，隐私权是一项受到民法保护的私法性权利。但从另外一个角度看，为了保障个人隐私不受国家权力的侵害，美国法院（尤其是联邦最高法院）另创设了宪法上的隐私权（constitutional privacy），将隐私权提升到受宪法所保障的基本权利的高度。从私法性权利到公法性权利的发展脉络使得隐私权的属性界定变得模糊。隐私权兼具了公私法双重属性。但在我国的已有研究中，有学者认为，"宪法作为国家的根本大法，总是要将一些重要的自然人权利和政治权利规定于其中，这也包括将一些重要的民事权利规定于其中。部门法将宪法规定的重要权利加以具体化，规定具体的保护措施和侵权责任。这种关系表明，宪法上的隐私权与民法上隐私权，并无本质差别"。① 隐私权对我们来说也是一个舶来品，其发展的时序——从民事权利到宪法权利是不可否认的客观事实，那么，简单地将宪法上的隐私权等同于民法上的隐私权似乎有不妥之处。如有学者指出，由民法确认和赋予人格权，将导致人格权的重要性降低，所以私权化人格权应当向宪法性权利回归。② 那么，基于这种思路，如果隐私权的权利属性是宪法性权利，如何将其用于调整平等主体之间的权利冲突，即隐私权宪法保护的私法效力该如何体现。为解决此类难题，宪法权利第三人效力理论③给予了回应。从德国基本法的理论与实践来看，基本权利被认为具有"主观权利"和"客观法"的双重性质。④ "客观价值秩序"的理论为宪法在私人间发生效力奠定了重要的理论基础。但通说认为宪法权利的私人适用并不具有直接效力，其效力的产生同样是通过作用于公权力以间接调整私人之

---

① 张新宝：《隐私权的法律保护》（第 2 版），群众出版社，2004，第 55 页。
② 王利明：《人格权法研究》，中国人民大学出版社，2005，第 22 页。
③ 基本权利的第三人效力，是指当平等主体之间发生基本权利侵害时，宪法上的基本权利条款被适用于私法关系，对私法发生效力。
④ 张翔：《基本权利的双重性质》，《法学研究》2005 年第 3 期。

间法律关系。宪法权利关注的重心和焦点是公权力的基本原则是不变的。由此来看，将隐私权简单地划归为私法性权利或者宪法性权利都不能完整地阐释隐私权的属性。

（二）公法性隐私权与私法性隐私权的划分

公私法的理论分野可以追溯至古罗马时期，罗马法学家乌尔比安首次提出了公法和私法的划分。公元 3 世纪的著作《学说汇纂》指出，（法律）有的造福于公共利益，有的造福于私人。公法见之于宗教事务、宗教机构和国家管理机构之中。公法的规范不由个人之间的协议而变更，而私法的原则是，对当事人来说，协议就是法律。① 罗马法留给后世的贡献主要集中在私法领域，罗马法中公法并没有得到发展。十七八世纪，资本主义商品经济的发展以及中央集权的国家的形成为公法的发展奠定了基础。私权神圣、契约自由、侵权责任，以及主权在民、权利分立等宪政思想得到广泛传播与认可。民众越来越认识到对权利的最严重侵犯来自不受制约的公权力。需要警惕的是政府对民众权利的盘剥与侵犯。国家与市民社会两者应区分开来，私人事务留给私法去解决，政府扮演的应该是守夜人的角色。至此，作为限制国家权力的现代意义的公法应运而生。该种划分为后世法学的发展打下了坚实的基础，同时认识到公私权利不同的范围划定与职能界分。具体到隐私权的公私权利性质定位，虽然从大的方面说，宪法性质的隐私权与民法性质的隐私权都可归结到人权保护这个大的标题下。但是，两者的职能分工却着实不同。

首先，民法隐私权与宪法隐私权调整的法律关系不同。民法性隐私权调整的是私人之间的法律关系，保护私人生活的秘密、空间、信息不被打扰和侵犯。宪法性隐私权调整的是国家与个人之间的法律关系，防范公权力对个人隐私的侵犯。对平等主体之间的权利义务关系来说，权利与义务是对等的。因此会存在权利冲突，如存在隐私权的享有与言论自由的保护之间的权利冲突。在处理权利冲突过程中需要平衡相互冲突的利益和价

---

① 孙国华、杨思斌：《公私法的划分与法的内在结构》，《法制与社会发展》2004 年第 4 期。

值，需全面考虑当事人之间的权利义务关系。最终保护何者的利益，应充分考虑双方之间的诉求、价值位阶等相关情况。这反映了在民法隐私权的享有上还需受到其他民事权利的约束，体现民事权利的平等性。宪法隐私权防范的是国家公权力的侵犯，维护个人免受国家的恣意干涉。在国家与个人之间，权利与义务关系是不对等的。国家始终处于义务的承担者的地位，而个人是权利的享有者。该种隐私权的享有是以国家不作为的方式实现，政府通过克制权力的触角延伸到个人隐私领域就实现了对隐私的保护。

其次，宪法隐私权与民法隐私权的划分有助于违宪审查权的行使。对隐私权的最危险和最直接的侵权主体是立法机关，而现代社会隐私权宪法保护积极权能的实现也有赖于立法权发挥作用。[①] 宪法权利违宪审查的功能是民法隐私权所替代不了的。宪法隐私权的存在防止了普通法律对公民隐私权的侵犯。为防止权力对权利的侵犯，西方设置了三权分立制度，通过权力的制衡而保护民众的权利。隐私权的宪法性质，使违宪审查之司法权与民主立法之立法权达到巧妙的平衡，平衡的最终落脚点和归宿在于保护个人隐私权的实现。

最后，从宪法隐私权在宪法权利中的定位来看，宪法隐私权属于近代自然权利思想的宪法化，是个人主义思想在宪法中的体现。当人类社会发展到一定历史阶段后，人们认为有一些权力对人们非常重要、必不可少而应当享有，于是人们努力给予它们与其重要性相适应的确认和保障。[②] 可以说，隐私权就是作为人们应当享有的人权，规定在宪法当中成为一项基本权利。宪法权利的特性在于呈现抽象性和稳定性，随着经济社会生活的不断发展，在隐私权这个总体概念下会发展出新兴隐私权。有了宪法隐私权，就可以在具体的法律规范当中不断囊括和颁布适应社会发展的新兴权利。可以看出，民法性隐私权与宪法性隐私权是具体权利与基本权利的关系。正如有学者指出，"宪法确实是一部基本法，宪法的精神必须被贯彻到法律体系的每一个部分。就此而言，宪法超越了公私法领域的传统分

---

① 王秀哲：《隐私权的宪法权利属性与两种立法责任》，《甘肃政法学院学报》2009 年第 7 期。

② 焦洪昌：《"国家尊重和保障人权"的宪法分析》，《中国法学》2004 年第 3 期。

界。然而，要把宪法完全视为一部凌驾于普通公法与私法之上的囊括一切的法律，未免就抹杀了宪法的基本特点以及宪政与法治的区别。值得注意的是，几乎所有的宪政国家都承认宪法的公法特征，并把宪法的直接效力限制在政府行为的范围内"。①

二　消极权利与积极权利划分中的隐私权

（一）消极权利与积极权利的划分

美国学者霍尔姆斯和桑斯坦的著作《权利成本——为什么自由依赖于税》对消极权利与积极权利的划分进行了阐释。"消极权利禁止政府，并把它拒之门外；积极权利需要并盛情邀请政府。前者需要公职人员蹒跚而行，而后者需要公职人员雷厉风行。消极权利的特点是保护自由，积极权利的特点是促进平等。前者辟出了一个私人领域，而后者要再分配税款。前者是剥夺与阻碍，后者是慈善与奉献。如果消极权利成为我们躲避政府的处所，那么积极权利则提供我们政府的服务"。② 消极权利排斥和警惕以政府为代表的公权力的干涉和侵扰，政府要真正保证权利主体所拥有的权利，就不要从事任何事情，克制行权的冲动。而积极权利则相反，积极权利要求政府积极主动地介入，承担起保证权利主体享有权利的责任。这种认识和区分就是美国历史上对权利的传统看法。但两位学者从"无救济无权利"权利的实现的角度上来分析，任何权利都是积极权利。权利的实现必然需要政府财政的投入花费，不论是结婚权、抚养权还是损害赔偿权都需要成本。"没有运作良好的司法在财政上是独立的，没有法院体系能在预算的真空里运转。如果不接受税款的定期注入以资助法院惩罚权利的公私违反者，没有法院能够运作；当纳税人的这些钱没有到位时，权利就不能得到维护"。③ 这种从权利成本的视角

---

① 张千帆：《论宪法效力的界定及其对私法的影响》，《比较法研究》2004 年第 2 期。

② 〔美〕史蒂芬·霍尔姆斯、凯斯·R. 桑斯坦：《权利成本——为什么自由依赖于税》，毕竞悦译，北京大学出版社，2004，第 23 页。

③ 〔美〕史蒂芬·霍尔姆斯、凯斯·R. 桑斯坦：《权利成本——为什么自由依赖于税》，毕竞悦译，第 45 页。

来划分权利，作者的目的是让我们认识到两分法的徒劳。从权利的实现以及权利需要成本上来看有其合理性，但作为理论分析的两分法仍具有重要意义。对权利属性的把握仍然离不开对消极权利与积极权利的分析论证。

（二）消极权属性的隐私权

对作为"不被打扰的权利"的隐私权来说，消极权利与积极权利的划分显然具备了消极性。但我们也应当看到不被以政府为代表的公权力与第三人为代表的私权利侵犯的隐私权，同样要受到限制。让我们从不被侵犯与受到限制之间来看待作为消极权利属性的隐私权。法律对隐私权保护有一个重要规则：对隐私权的保护止于公共利益。即当个人隐私与公共利益相冲突，需要平衡两者之间关系的时候，个人隐私权就有可能受到限制。我国宪法第51条规定："中华人民共和国公民在行使自由和权利的时候，不得损害国家的、社会的、集体的利益和其他公民的合法的自由和权利。"但从该条文中，有两点值得注意：第一，当公民在行使隐私权的时候如果与公共利益相冲突，不能武断地判定公共利益优于隐私权，这里还涉及价值平衡的问题，需要一个判定的过程。第二，什么样的公共利益和权利可以成为限制隐私权行使的理由，同样需要具体明确的规定。所以有学者指出，权利的限制必须比权利更加明确，否则就会只剩下限制，而没有权利。在这种意义上，宪法第51条应该被看作仅具有宣示性的意义，而不能对具体的各项基本权利构成任何有法律效力的制约。[1] 涉及权利冲突与隐私权的保护方面，言论自由可否成为限制隐私的理由成为考量消极性隐私权的一个具体方面。言论自由从根本上讲是一个关系范畴，关涉个人与个人、个人与群体、群体与群体之间千差万别的利益。单纯的自我言说很难构成法律意义上的"言论自由"。[2] 表征关系范畴的言论自由必然涉及他人的利益，与隐私权的冲突就在所难免了。对言论自由的重要性而言，有学者认为其在于言论优先规定的制度效用。言论自由权将对我国的改革开放

---

① 张翔：《公共利益限制基本权利的逻辑》，《法学论坛》2005 年第 1 期。

② 姚建宗：《新兴权利研究》，中国人民大学出版社，2011，第 430 页。

更为有利。为了保证社会主义的民主法制的发展，特别是为保证公民的政治言论的自由，也必须有一个更为宽泛的包括了一般的非政治性言论自由。更大程度的言论自由能够改变我们身处的社会环境，使人们能以更加开放、宽容、尊重的心理去看待侵犯他人的隐私现象。① 换个角度来分析，有学者则认为，"在未经非公众人物的公民许可的前提下，将其本非公众感兴趣的，不具有新闻价值的个人（或者家庭）生活的纪实录像、摄影、录音等搬上电影和电视等，是侵犯公民隐私权、名誉权或者肖像权的侵权行为"。② 由此看来，在保护隐私的消极不作为与鼓励言论自由的积极作为之间，不能简单地判定孰优孰劣，还要依赖于背后更深层次的价值选择与考量。但从更具主动性的言论自由与更显被动的隐私来看，言论内容的表达完全取决于发表者对象的选择和表达的方式，在能否事先征求他人同意以及能否采用不侵犯他人隐私替代性的表达方式也取决于表达者的自愿。而受到侵犯的隐私则是在言论已经发表完成之后，被动地接受言论所带来的影响。那么，在这种主动与被动的比较当中，保护消极权属性的隐私权更显重要。

（三）积极权属性的隐私权

伴随着科学技术发展网络时代的到来、数字化形式的个人资料存储方式的普及、录像监视系统的大面积使用以及个人信息资讯机构的广泛介入，单从技术层面上看，隐私免受打扰和侵犯几乎是不可能的。隐私权中的"隐"已经变得越来越困难，尤其是对能够带来财产性权益的隐私来说更是如此。既然隐已不再可能，那么私将走向何处，由被动的隐匿向主动的利用转换或许是最佳途径。隐私的利用权能属性将得以进一步发挥，如将个人的生活经历作为自传出版发行，将个人的疾病信息公之于众以供医疗研究，允许将个人家庭的情况通过媒体以新闻或纪录片的形式发行等。面对诸此种种，隐私权的发展也已转入如何知情、利用、分享等积极权利的方面。积极权利属性的隐私权，一方面需要政府或中介组织保证隐私知

---

① 苏力：《法治及其本土资源（修订版）》，中国政法大学出版社，2004，第200～203页。
② 张新宝：《隐私权的法律保护（第2版）》，第135页。

情权的实现，并对个人所提出的对信息的查看、修改和更新做出及时回应；另一方面，对隐私权的利用要符合法律和公共道德规范的要求。例如，对利用自己的身体隐秘部位制作淫秽物品或者披露自己不道德的性生活隐私以提升自己的知名度等行为，应予禁止。

中国个人信用体系的建立需要整合大量的个人征信数据，而这些数据主要掌握在如公安、人事、劳动保障、法院、房地产登记以及税务等部门手中，以及如银行、通信服务、邮政、保险公司、证券公司等非政府部门手中。个人征信数据包含大量关于个人的信息如身份信息，个人资产信息，消费记录信息，家庭情况信息以及个人的教育、医疗、犯罪等历史信息，这些信息中有大部分都属于隐私权所保护的个人资讯信息。因此在收集这些信息的过程中要充分保护个人的隐私知情权和异议权、修改权和利用权。在收集信息前，需要通知本人向个人说明信息收集的目的以及可能会公开的途径以及范围，征得个人的同意。我国首个个人信息保护国家标准——《信息安全技术公共及商用服务信息系统个人信息保护指南》已于2013年2月1日起正式施行。该指南将个人信息区分为个人敏感信息与一般信息，并对个人信息的处理、个人信息的使用、个人信息的保护做了全面的规定。为信息系统中个人信息处理不同阶段的个人信息保护提供了指导。①

随着互联网的普及、信息传播速度的加快和覆盖范围的增长，通过论坛、博客、微博等载体，个人信息的发布、分享、利用更加便捷。原本属于个人十分重要的个人隐私信息，被网友们通过"晒""人肉搜索"的方式进行发布。更有甚者，通过炫耀个人的隐私情况达到吸引眼球、提高知名度的目的，如近年来的"美美"现象。相反，有的人通过将个人的隐私信息同社会大众分享，来提示和警醒人生的价值与生活的意义，如复旦大学社会学教师的"死亡日记"就引来了无数人的关注、理解与支持。这里，我们暂且不谈这些现象是否符合法律及其道德意义。只是说明，隐私权利用的积极权能属性已越来越多地被展现和为人们所了解

---

① 公选王网站：《信息安全技术公共及商用服务信息系统个人信息保护指南》，http：//www. gongxuanwang. com/View. asp？42557. html。

和利用。

分类的意义在于，能够通过不同的视角对事物进行完整全面的把握。对隐私权权利属性的分类也是一样，能够使我们从不同的权利属性角度对不断发展变化的隐私权进行更加深入完整地把握。笔者认为，在评判隐私权究竟属于什么性质的权利，究竟应当划为哪个类型，这种非此即彼研究的意义不大。隐私权就是一项综合属性的权利。"权利话语不过是利益和力量对比关系的角力和博弈。利益和权力格局随世事变迁了，权利结构自然相应变动"。[①]

三　人格性权利与财产性权利划分中的隐私权

（一）隐私权的人格权基础

何谓人格，我们可以从多重意义上来进行考量。从哲学意义上讲，人格"指具有自我意识和自我控制能力，即具有感觉、情感、意志等机能的全体，它是唯一真实的存在，是一切其他存在的基础"。法律意义上的人格，主要是指一种精神利益。如果说对财产利益的保护旨在为主体维持其自身生存与发展以及从事各种活动提供物质基础，那么，对人格利益的保护则旨在维护人作为主体的存在，并且为主体从事财产活动提供前提条件。[②] 一方面，作为精神利益，很难用金钱和物质来衡量。如人身保险当中并未对投保金额做出限制性规定，所以我们在日常生活当中会听到天价保单，如钢琴家对手指的投保、赛车手对生命的投保等。另一方面，对精神的赔偿多强调精神的抚慰、名誉恢复等非财产性赔偿方式。对隐私权来说，大致可将隐私权认定为信息不为他人所泄露、秘密不为他人所窥探、空间不为他人所打扰、保持内心安静独处的权利。无疑隐私权指向的是人的精神利益。侵犯隐私权，主要的不是造成个人的物质缺损或丧失，而是对精神利益的侵害。尤其对个人私密事件的揭露和传播，其所带来的痛苦不仅会造成严重的心理阴影乃至疾病，严重的将导致自杀等恶性事件的

---

① 姚建宗:《新兴权利研究》，第133页。
② 王利明:《人格权法研究》，第7页。

发生。

对具有人格权基础的隐私权来说。首先，隐私权是自我实现的需要。借助于马斯洛的"需要层次理论"，人有五种基本需要，从低到高依次为生理需要、安全的需要、社交的需要或归属与爱的需要、尊重的需要和自我实现的需要。作为最高层次的自我实现的需要当然不能仅仅满足于经济上的富足，更为重要的是精神上的独立和完整。在个人与社会的互动过程中，不可否认的是生活中的每个人都是社会人，个人的生存发展乃至自我实现，都离不开我们身处的社会环境与周围人的帮助。"人作为社会的人，生活在两个世界中，一个是封闭的个体世界，一个是开放的群体世界。相应地，人也具有双重人格，即内在隐藏自知人格和外在表见于众人格"。[①]功名利禄的追求乃至实现很难说是自我的实现，在喧嚣浮华背后的宁静，从慎思、自省、沉淀等过程当中所得到的个人精神上的抚慰和愉悦则更为宝贵和重要。在我们周遭的社会生活中，不乏遁入佛门的知名人士。[②] 他们所追求的正是内心的清净，需要一个卸下沉重负担回归真我的地方。而常常是公众的好奇心与窥探欲加之媒体的过分热情，使得这份安静与独处得不到满足。人要争取自己与生俱来的完整人性，就要努力实现双重人格，隐私恰恰满足了这种需要。[③]

其次，隐私权是人格尊严的体现。人格尊严一方面体现为把人当作目的而不是手段。1945 年《联合国宪章》在前言中提到："欲免后世再遭今代人类两度身历惨不堪言之战祸，重申基本人权、人格尊严与价值，以及男女与大小各国平等权利之信念。"我国现行宪法第 38 条规定："中华人民共和国公民的人格尊严不受侵犯。禁止用任何方法对公民进行侮辱、诽谤和诬告陷害。"在狠斗私字一闪念、灵魂深处闹革命的年代，个体要服务于整个运动和意识形态。在人的隐私被无情剥夺的情况下，人是无尊严可言的。另一方面体现为人的自主决定性，个人是自身权益的主宰。如果

① 可欣：《论隐私权》，吉林大学博士学位论文，2007，第 9 页。

② 曾经以《青藏高原》而走红的著名女歌手李娜于 1997 年皈依佛门，用她的话来说，"我寻找原本蕴藏在我们每个人心灵之内的那么一种清静的觉醒，那么一种安宁的本性的冲动"。

③ 可欣：《论隐私权》，第 10 页。

一个人不能自主地决定私人事务时，那么他将不能被认为享有人格尊严。在日益多元化的当下，每个人的理念与价值观不尽相同，除非某个人的行为伤及他人或社会公共利益，违反强制性法律规范，就是在所允许的范围内。我们常说的法不禁止即自由。正是不同的价值观念、不同的思维方式才造就了我们这个丰富多彩的社会。隐私权的享有为人们保有自主决定性的人格尊严提供了可能。相对于两性关系基础之上同性恋现象，也越来越为人们所理解和接受。甚至有关同性恋者的婚姻权在部分国家也已纳入正式的立法当中。私生活的不被打扰和自主决定就是隐私权的体现。

最后，隐私权是人身自由的延伸。自从英国哲学家柏林（Isaiah Berlin）在其《自由的两种概念》中，将自由划分为消极自由和积极自由以来，这种划分成为分析人身自由的经典方式。消极自由意味着"免于……的自由"，积极自由意味着为自由的享有者提供实现自由的服务。作为人们所追求的最高价值目标——自由来说，不仅体现为能够自由地去从事，亦体现为不被打扰和侵犯。对个人自由的保护本身就包含有隐私权的内容。"隐私被视为个人自由的一部分。该规定确立了对个人自由绝对保护的边界，可以视为其保护的范围包括了作为个人自由一部分的隐私权"。① 随着近年来隐私权的发展，作为消极自由体现的隐私权越来越体现积极自由的倾向。尤其对以数字信息形式存储的个人隐私资料，有赖于享有隐私权的个人去掌控和利用。当下时代，科技的发展使"隐"越来越困难，因此对"私"的主张和利用就使隐私权具有了积极自由的属性。

（二）隐私权的财产权属性

人格权的商品化现象。对于商业化的人格权可以从两个脉络来进行考查。一个是以美国为代表的商业化人格权，在美国被称为公开权（right of publicity）的权利。另一个是以德国为代表的人格权商品化理论。美国的私法体系，没有将一般人格权发展为具体独立的人格权如肖像权、姓名权等，而是以隐私权来统摄其他类型的具体人格权。随着隐私权的发展，仅仅调整人格利益的隐私权并不能保护对肖像、隐私等商业化利用而产生的

---

① 周伟：《宪法基本权利：原理规范应用》，法律出版社，2006，第 132 页。

侵权现象。为此，与隐私权保护人格利益相对应，开发出为保护财产利益的公开权。通常认为，公开权是限制他人未经许可使用自己姓名、肖像及其他方面个人特性的隐私权的一个分支权利。可以说，公开权是美国法上的特有概念。有学者认为，按照美国的模式，将人格权分为两个部分，一是隐私权，二是商品化以后的公开权。该模式也被称为"双轨制的人格权理论"。而与美国不同的德国的人格权商品化理论，其所构建的基础仍然是传统上的隐私权，只不过认为隐私除了包含有精神利益之外还包含了财产利益。将其称作统一的权利模式。根据这一模式可以将人格权视为一个统一的权利，其包含两个部分：一部分旨在保护人格的精神利益；另一部分保护人格的财产利益，该部分可称为使用权。[①] 无论是哪种模式，不可否认的是人格权的商业化倾向或者说是财产权属性。对于隐私权的财产权属性，金融信息隐私权以及基因隐私权体现得尤为明显。

金融信息隐私权（financial privacy）是一种特殊的个人资料权，指的是个人控制收集、揭露和使用关于其本人金融交易或事务的权利。[②] 金融隐私权利的对象为金融隐私，也即在金融交易过程中所产生的、与个人紧密相关的、反映消费者经济状况的各方面信息。随着资本市场的活跃，个人投资渠道逐渐增多，个人资金也不仅仅满足于存放在银行当中。股票、债券、基金、期货、期权、权证等金融产品为个人资产的保值增值提供了更加多元化的投资选择。在此过程中，银行等金融机构掌握了大量客户的账户、相关交易等涵盖了客户金融状况的各方面的信息资料，这些信息资料的安全性日益受到相关信息资料所有者的关注。从近年来曝光的相关案例来看，侵犯金融隐私权的案件并不少见。2012 年 3·15 晚会曝光招商银行、中国工商银行、中国农业银行泄露并出售客户信息的事件，使得民众大为哗然。本属该被严格保密的个人信息，在部分银行工作人员手中，却被以一份十元到几十元的低廉价格，大肆兜售。造成大量个人金融资料信息泄露，致使个人账户中的资金遗失和冒领，不仅给个人带来巨大的经济损失，而且对信息所有者及家人的人身安危带来隐患。不难看出，相对于

① 王利明：《人格权法研究》，第 259～281 页。
② 潘建珊：《欧美金融隐私保护法律制度比较》，《法学论坛》2007 年第 5 期。

人格权意义上的隐私权来说，金融信息隐私权更具备财产权属性。

基因，作为承载着个人遗传信息的 DNA 片段，因其所独有的构成性意义和识别功能，所以基因隐私权的保护具有极为重要的社会意义。基因和基因信息直接联结着人的个体性、独特性、多元性等人格价值最核心、最基本、最隐秘的部分，不当操作和利用，必然会对人的尊严及其在社会中所享受的自由和平等产生严重伤害。另外，伴随着基金科技和基因经济的日益发达，基因诊断、基因制药、基因治疗成为各国重点扶植的产业，个人基因信息及其上所原本负载的人格法益越来越具备了财产性法益。由此，也为基因隐私权奠定了双重的法律意涵：既有对人格性法益的捍卫，也有对财产性法益的保护；既强调基因信息的静态控制和不被刺探、未经允许不被获得和传播，又强调基因信息的动态利用以及提供者基于自由支配而获利的可能。①

面对信息时代的飞速发展、咨询传播速度的加快、获取信息渠道的不断拓宽。侵犯个人隐私的现象一再上演，使普罗大众不胜其扰。能够保持自我内心的宁静而不被外界所烦扰，能够留下一个为个人独享的空间而不被外界所觊觎，这样的状态越发成为人们的终极追求。隐私权，一个被我们不断提及、绕不开、躲不掉的权利。从已有的对隐私权的研究来看，对它范围的界定、如何保护隐私、在与其他权利冲突时如何取舍等问题已进行了充分探讨。但我们不禁要问，隐私权究竟是一项什么权利。随着隐私权的不断发展，其属性变得日益多元化。作为多重面向的隐私权仅从单一角度去认识和界定将会有失偏颇。重新检讨和梳理隐私权的基本权利属性，将对隐私权的进一步发展大有助益。

Inspectthe Attributes of Right of Privacy

Wang Shuo

Abstract：In the process of studying the attributes of the right of privacy, we will find that it is difficult to classify the right of privacy. Unlike the tradition-

---

① 姚建宗：《新兴权利研究》，第 155 页。

al classification of rights theory, such as the right of public law and the right of private law, personality right and property right, and positive right and negative right, the right of privacy can not be studied and defined through a single perspective. With the development of the right of privacy, its content becomes increasingly abundant. Therefore, the hybrid attribute of the right of privacy is presented, which is so – called multiple – oriented right of privacy.

Key Words: Right of Privacy; Right of Public Law; Right of Private Law; Positive Right; Negative Right

图书在版编目（CIP）数据

珠江论丛. 第 5 辑 / 付景川主编. —北京：社会科学文献
出版社，2014.7
ISBN 978 - 7 - 5097 - 6098 - 7

Ⅰ.①珠…　Ⅱ.①付…　Ⅲ.①社会科学 - 文集　Ⅳ.①C53

中国版本图书馆 CIP 数据核字（2014）第 113977 号

珠江论丛（第 5 辑）

主　　编 / 付景川

出 版 人 / 谢寿光
出 版 者 / 社会科学文献出版社
地　　址 / 北京市西城区北三环中路甲 29 号院 3 号楼华龙大厦
邮政编码 / 100029

责任部门 / 皮书出版分社（010）59367127　　责任编辑 / 宋　静　吴　敏
电子信箱 / pishubu@ ssap. cn　　　　　　　责任校对 / 岳宗华
项目统筹 / 邓泳红　吴　敏　　　　　　　　责任印制 / 岳　阳
经　　销 / 社会科学文献出版社市场营销中心（010）59367081　59367089
读者服务 / 读者服务中心（010）59367028

印　　装 / 三河市尚艺印装有限公司
开　　本 / 787mm×1092mm　1/16　　　　　印　　张 / 10.75
版　　次 / 2014 年 7 月第 1 版　　　　　　　字　　数 / 160 千字
印　　次 / 2014 年 7 月第 1 次印刷
书　　号 / ISBN 978 - 7 - 5097 - 6098 - 7
定　　价 / 35.00 元